グローバル時代に人はどう生きるべきか

西 隼人
Nishi Hayato

風詠社

目次

装幀　２ＤＡＹ

まえがき

「グローバル化」と言われるようになって三十年ほど経っていると思われますが、未だ本格的なグローバル時代には至っておりません。

その草創期は過ぎたものの、今後五十年の間に成長期へ移行していくものと考えられます。

そこで本書では、これからの五十年をグローバル時代の成長期と捉え、私の数十年にわたるビジネスマンとしての経験の上に現代社会を重ねて**「グローバル時代に人はどう生きるべきか」**を描いてみたいと思います。

最近、「グローバル」と言う言葉だけが一人歩きし、本質に触れられず抽象的であるように感じます。

「グローバル化」の定義はさまざまで切り口も多様ですが、私は政治、社会、経済、金融、環境等々の分野が諸国の国民性、文化、習慣などと複雑に交錯しながらワンワールド（国家、地域などの境界を超え、地球規模で統合され、一体化する）を形成していくことだと思います。

そこで、本書ではグローバル時代を迎え、到来する「効率重視の社会」をどう考え行動するかを述べていきます。

戦後七十余年の間、経済発展の陰に隠れた環境破壊、貧富格差、うつ病や自殺者の増加とアンバランスな時代でもありました。

新たな国際社会を迎え、このアンバランスを是正する方向を探ります。広義ではワンワールド、身近では暮らしの平準化の時代と位置づけます。

――本書の構成として

刻一刻と**地球が極端なまでに狭小化**する時代に於いては、客観的に**時代を読み**判断する必要があります。そのためには個々人の**専門性**が今まで以上に求められ、しかも専門性にはいつも**知恵**が備わっていなければなりません。

そしてヒト、モノ、カネが本格的に往来しボーダレス化が進むと、やがては協業が活発になり大規模な**共存**の時代を迎えることになります。
その環境で生きる**グローバル人材の資質**として何が求められるか、がテーマです。国民性、文化、習慣の違う国々で、三現主義（現場、現物、現実の三つの「現」を重視し、机上ではなく実際に現場を観察して、現実を認識した上で問題の解決を図らなければならないという考え方）を以って体験した臨場感を感じていただければ幸いです。
本書が、今後のグローバル社会を生きる皆様の参考になれば望外の喜びです。

著者

自然・古風を優先

❶

食の知恵

❷

リスク管理

❸

異文化へ配慮

❹

寛容な文化

オープンスペース習慣

❺ 社会風土▶国民性 ❻

都市国家の繁栄

❼

一章　地球の狭小化

我が国では来る二〇三〇年にインバウンド（外国から日本への旅行者）六千万人、アウトバウンド（日本から海外への旅行者）三千万人と双方交流、九千万人規模の時代が到来しそうです。この交流からして外国人、国際社会、国際文化へ接する機会は増加の一途を辿ります。

更なる情報技術、航空技術の進歩はグローバル時代（特に世界規模で経済・社会・文化が越境）を加速し成長期へ拍車がかかると考えられます。地球が徐々に狭くなっていく感があります。

このグローバル時代とはこれまでのモノに溢れ、ムダの多い時代から**効率を追求**する時代へ変遷していくことになります。ヒト、モノ、カネが地球規模で本格的に稼働し始めるからです。

時世時節、職業倫理へ重きをおく賢い時代へ変貌していくのが今後五十年の趨勢です。

今日まで地方都市開発が進み高層ビルの林立、経済活動、大学のキャンパスなど地方移転が進められてきました。地方活性化が促進され、メトロポリタン（大都市）が醸成されつつあったわけです。

ＩＴ（情報技術）は利便性を増し、情報が瞬時に共有でき距離感はなくなり、全ての繋がりが強く近くなったわけです。極端に言うと対象が国内人口一億三千万が地球規模の七十五億になる、そんな捉え方になります。

情報革命の恩恵を受け、地方にあっても**単独で国内・外市場**に打って出る体制が構築されたといっても良いでしょう。

しかし、日本は高度成長期から飽和状態を経た後も、失われた二十年を経過し結果的には疲弊してしまいました。

そして全国の地方自治体は過疎化や財源不足から自力で財政を賄えず、前途が暗澹としています。

行政のサービスも満足いくものではなく、地域の統合、施設の共有など、さまざまと試みましたが改善が見えないどころか逆行すら感じます。

その最も大きな要因である少子高齢化が地方の機能低下に追いうちをかけたのです。

例えば、大学一つを見ても、国からの交付金も減り、経営自体が脅かされてきております。こうなると様々な手段で大学自体の財源を自ら得ていくことが求められます。工業立国という観点から言えば、大学が先ず技術革新のスタートラインに立つことです。

しかし、実情は高齢化時代に沿ってか、看護や福祉面の学部が多くの大学に新設されました。それは十分理解できますが、戦後復興の要となった「産業分野を強化した長期的な視点」に立つことが大事です。大学のあり方もこのように経営の自立や質の向上が求められる時代に来ております。

ほとんどの機能・分野が巨大都市へ逆Uターン現象となり思惑とは異なってきています。

言わば、地方では立派な土俵は出来上がったものの力士が不在となったわけです。

地方移住促進による活性化（介護、福祉、文化も含め）、Uターンへの優遇策を大胆に進め、先ずは人口のバランスを図ることが活性の原点です。

その為には交流人口増も含め、地域の特性を捉えた地域興しが不可欠です。

つまりこれからは「**地球の狭小化**」**を機会**と捉え、行政本部からの働きかけではなく地方自治体から国内・外へ攻勢をかけなければなりません。その成功に欠かせないものは人々がグローバル人材へと徐々に変化していくことです。

そこで産業の三分野（第一次・二次・三次産業）への攻勢という視点から、現状と展開について述べていきます。

農林水産、企業、観光の順に入ります。

これらの分野に於いては、視点を変えることです。活性化する材料は豊富にあると思われます。むろん、企画（人を含む）と財源が必要であることは言うまでもありません。

――先ず農林水産に於いて、

農産物一つをとっても日本人は外国産より良質なものを、いち早く開発する探究心と技術力を持っています。

例えば全国へ農業実習生を迎え入れる際、日本に存在していなかった作物（野菜、果物など）を協業によって栽培に成功した暁には、栽培技術をお返ししてウィンウィンの関係を構築するのも良い取組みです。

我が国の食料自給率は四十％と低いながらも付加価値の高い農産物が多くありま

す。これらの**農業技術の輸出**、ロイヤリティ収入も一考の価値があります。

農業の担い手が不足する中、外国人労働者が実務をリードしていくのも一つの委ね方です。

また畜産も同様に和牛、黒豚といった地域の特産を交易する機会を摸索することです。都道府県自体が独自の販売網を世界へ拡げ確立していくのです。もちろん実行しているところもありますが、まだまだ宝の持ち腐れ的な感がしてなりません。

和食という食文化が世界遺産として登録されました。以前から南北アメリカや欧州では健康食として脚光を浴びており、今後更に増大することは間違いありません。農業、漁業はこの遺産登録を大きな機会と捉え、食文化の材料輸出に、活路を見出すことです。

世界的に有名となった和食（Sushi、Sashimi）に代表される魚の需要が高いことは周知の事実です。サンパウロ市内には日本食レストランが百五十軒以上もあるほどです。

和食は健康食の代名詞として好評を呈しています。

農産物や魚介類輸出には大きな期待が持てます。それと、特にアメリカでは日本酒の需要は急増中です。

これらの分野のビジネス拡大の為には、国ごとの品目の需要分析を行い、輸出コスト低減として複雑な**流通経路の簡素化**や農業、漁業従事者を増やす政策をとり効率性の高いビジネスを実行することです。要は外国で入手し易い価格にするということです。

——次に企業に於いて、

企業誘致は一朝一夕にはいきません。しかし地方ならではの**ニッチマーケット**（手付かずの隙間市場）に着目すること、既に地方へ進出済みの大企業の事業・品目の拡大を促すという選択肢もあります。ネットワーク活用、地政学的な優位性、優遇措置、特区申請などを今一度レビューし交易の可能性を見出すことです。

インターナショナリズムの夜明けとも言える一九八〇年半ばのハイテク景気では円安も相まって自動車、電化製品の輸出増（のちに貿易摩擦・円高に至りましたが）が高度成長をもたらしました。これらの地方版を見出すということになります。

そのモノづくりの根底にあったものは、海外からの資源（燃料や原料）の輸入が円滑に行われたこと、そしてもう一つは技術革新、この両輪が大きな役割を演じたのです。こうやって交易の促進は、成長に欠かせません。この頃から**地球の狭小化**を感じ始めていました。

ところが最近、アメリカ保護主義提唱、経済連携協定（ＴＰＰなど）の足並みの乱れ、地域貿易協定の破棄案（ＮＡＦＴＡ）などブロック経済圏の協調が乱れつつあります。

確かにブロック経済圏が「世界経済の救世主か」という疑問は残ります。しかしいずれにしても一方的な貿易黒字は公平性を欠くことになります。相互がウィンウィンの関係にあることが正論です。

しかし対抗措置の攻防は世界経済の安定とは程遠く、当事者国のみでなく世界中の景気低迷を招いています。

グローバル化と地方活性化が、二人三脚で発展するためには、経済の要である自由貿易が分断されないことです。

近代までの景気を顧みても一九九〇年後半からバブル崩壊、物価低迷、デフレも脱却できず経済状態は負の連鎖です。これ以上事態の悪化を招かないためにもソフトランディングして欲しいものです。

余談になりますが、ここ数年企業成績は好調ですが、人々の暮らしが豊かになったことを未だ肌で感じ得ません。将来の不安を抱えるあまり、企業も人々も慎重になっているのが実情です。そのテコ入れとして紆余曲折はありますが、安定した財源である消費税の引き上げに関して、国民は増税の効果が、次世代へ恒久的に反映するものであれば歓迎するでしょう。その為には経済の潤いを実感できるよう実効性のある予算編成が行われることです。

欧州では付加価値税という呼び名で二十％以上を課す国々もあります。しかしこのパーセンテージは国の基幹産業、内・外需の比率にも起因し、一概に消費税率の高い低いを日本のそれと比較できるものではありません。

過去の我が国は、産業構造が石油へ変化したことで資源、エネルギー、素材を全面輸入し、加工貿易をするしかありませんでした。と言うか、その道しかなかったわけです。

加工貿易が継続されるなか、中国やアジアでの低コスト製品の台頭で価格破壊が起きてしまいました。

今後は加工貿易は続行するにしても、先進国ならではの知的財産、技術輸出、サービス収支（旅行、金融、情報技術……）などの貿易外収支や新規市場開拓、新技術の海外投資を進め、収支改善を図っていく必要があります。

そういう観点から、地球上でヒト・モノ・カネの往来が盛んになればなるほど、モノ作り一本の時代とは異なり財源を多角的に模索しなければなりません。

ところが最近は企業成績が良くても物価が思うように上がらず、経済の方程式が迷路に入りつつあります。それはバブル時代の悪夢が投資を慎重にさせたり、従業員への還元が企業成績に応じてないことも原因の一つです。

ますます**時代の変化を深く読む**必要が出てきました。

企業は製品のビジネスモデル化を前提に、研究・開発を行いますが、一時的なブームで製品が売れ、短期間で消失していくような製品はローンチ（世に送り出す）しないことです。あくまでも真の需要であるか否かを見極めることが必要になっていきます。時代を的確に読み、生き残りをかけ、差別化していくことが「高効率重視の社会」を形成する基盤です。

――最後に観光に於いて、

最近の外国人観光客は、主要都市より地方にユニークなスポットを見出し、日本の津々浦々で見かけるようになりました。

観光とは直接関連はありませんが、地方へも英語の教員が派遣される時代でもあります。

今や旅行収支（イン・アウトバウンドの消費の差）は二兆円台ビジネスの勢いとなり無視できない歳入の柱になりつつあります。

これは観光地の整備、日本人のＤＮＡ（遺伝子の本体）に起因する人情味、おもてなしが地方でも大きく開花したと言えます。田舎に行くと親切なおばちゃん、おじちゃんが外国人に方言で丁寧に案内・説明している光景を目にします。これがおもてなしの原点です。意外とこんな方法のコミュニケーションスタイルで通じ合っているのです。

彼らは、そんな日本人の**実直なオープンマインド**に魅かれるのです。それに元々備わっているマナーの良さも加わり、好感度が上がっています。

旅行者のリピーターが六十％以上であることからしても日本は魅力的な国である証です。

まだ訪問客数は、フランスやアメリカには及びませんが、更なる発掘により訪問客数は増加すると確信します。

大陸に見られる観光地のダイナミズムさには劣りますが、逆にきめ細やかな心づかいや日本独特の風光明媚な場所、地方の伝統文化財などまだ無数に点在しており、たくさんの名所旧跡が冬眠状態にあると感じております。

地域の人達のみが知る場所で、価値ありと判断できる場合、最低限の手入れだけを施し、素朴さを残すことで新鮮なスポットとなり得ます。スポットの規模・拡大によっては行政の協力、支援も必要となります。自治体、観光会社、交通機関等の各社が協業し、開拓していく価値はあると思っています。

観光収入は滞在日数が多いほど大きくなるわけですから、例えば歴史的に、ある国とゆかりのある地（薩英戦争での鹿児島とイギリス）であったり、自然界でつながりを持つ地。例えば、ツルの渡来地である鹿児島県の出水とロシアと関連を持たせた長期コースの企画もユニークな取り組みです。要はそれらを見直すこと自体が地方の振興になるのです。

現在は訪日客の大部分がアジア地域からの人々で占められていますが、アジアだけでなく、世界各地から訪日客を呼ぶためのロビー活動を先述の農業・漁業の材料と同様、あらゆる手段を以って行うことです。

観光立国も大きな財源の柱になり得ますが、訪日客をさらに多く受け入れるには、滑走路増加やパイロット人材の養成も必要になるでしょうし、訪日客増加による交通渋滞、混雑の発生、宿泊設備の拡充、マナーの違い、自然破壊というような負の面もあり、興亡を担うことになります。非常に難しいことではありますが、これらが後手に回らないように、同時進行することです。

この三分野（農林水産、企業、観光）に限らず、例えば姉妹都市との更なる交流活性化、海外諸国との深いつながりによる親交を深めることもあります。

地方では既に多少なりとも過去の経済発展を経験し都市文化も醸成されました。しかしこれからの地方活性の戦術は「**地方発**」であることを先ほどから述べております。

そういう観点から、**グローバル化と地方活性化は二人三脚**であるとの認識が必要です。

情報通信技術の発達で、地球が狭小化するなか、これら三分野の舵取りをするための優先課題は取りも直さず**人材**です。グローバル人材への変化ということです。グローバル社会で最初に表面化するのが**労働力のボーダレス化**ということになりますので、労働環境（雇用、処遇格差減、定年制など）を国際的な標準に引き上げることです。

ここで日本で働く外国人の就労状況について述べてみます。

二〇一七年に失踪した技能実習生は七千人。そのうち三千人に原因を聞いたところ低賃金と答えた人が七十％だったというのです。雇う側がレイバーコストだけを低く抑えるだけの方法としか考えていなかったと思われても仕方ありません。これでは安定的に効果を上げることはできません。外国では、基本的に個人の技術に対して賃金が支払われるという極めて公平でシンプルな契約です。「どれほど能力があるか」が採用の基準です。

そういうことからすると、この失踪した技能実習生は大きな矛盾を感じているかもしれません。延いては日本の信頼性を欠くことにもなります。それとは逆に日本人と同等のアウトプット（成果・実績）を出す人には同賃金を払っているバランス感覚を持った立派な経営者もいます。そういった経営感覚の方が優秀な人材を確保できビジネスの存続、さらには外国人との信頼性も高められるのです。

大企業には輸出入部門も組織され、海外要員もそれなりに配置されています。しかし中小企業では、海外展開とそれを維持していく人材は十分ではありません。必要な時に採用できるほど人材も豊富ではありません。特にＩＴ（情報技術）、ＡＩ（人工知能）技術者の育成に関しては、喫緊の課題です。

しかし、貿易部門も含め外部に委託すると、莫大な経費は元より自社の意図する管理も容易ではありません。

人事予算は各社とも無限にあるわけではないので、自社の長期育成プランを作成し、それに沿って地道に教育する他ありません。

地球の狭小化の時代にたまたま労働人口減少（出生率の低下）と定年退職者増の時代とが合い重なりました。その現象について、どう向き合っていくかを考えさせられる時代です。

その大きな活性化の一つのアイデアとして、住み慣れた地元で、女性が子供を産み育てられる環境を整えることを挙げます。つまり将来の青写真が見通せる社会づくりです。

それと「定年前の人達を続投させられないか」という極めて自然な方法がありますが、その際、課題となるのがやはり賃金体制です。続投するにしても経験と知識を持った人達の賃金を極端に引き下げないことです。

この試みを来たるべき労働力ボーダレス化時代への布石とするのです。なぜならば賃金体制は、欧米並みのシンプル（能力による対価）なものがスタンダードになっていくと考えられるからです。

一方、ボーダレス化は海外からの人材獲得という優位性がある反面、**日本からの**

流出という負の面もあることを忘れてはなりません。

優秀な技術者、団塊世代のエンジニアがアジアをはじめ海外へ流出していく現実を食い止めることです。

今後も次のような労働環境が続く限り流出は避けられないと考えます。
・定年制を優先するあまり、退職後の優秀な人材の活用を無下にしている。
・グローバル時代にマッチした企業ではあるが、適材適所の配慮に欠けている。
・仕事に満足が得られない。
・企業にビジョンがない。
それにボーダレス化はヒトだけではなく技術・金融も同期して進んでいきます。

「二〇二五年問題」と世間では騒がれており、ややもすると団塊世代に対しネガティブなニュアンスさえ与えますが、決してそんなことはありません。

戦後復興の偉業を成し遂げた方々です。現代では偶然にも経済低迷と少子化が相まって、社会保障が財源的に困難になったということです。

戦後ベビーブーム政策の時点で高齢化社会は既に予測できたことです。

深刻な高齢化と嘆くより、いかに**社会に貢献**して頂くかというスタンスで、経験豊富で健康なシニアの活用を良い機会と捉えるべきでした。

時系列にシニアの方々が現在まで、どのような過程にあるかといえば次の様になります。

――社会的には、
敗戦→教育→技術革新→経済成長→世界のリーダー。

――一方、個人的には、
精励恪勤→知識・知恵の蓄積→改革→高齢化→健康体→隠居生活。

こうした構図をみるとき何とも「宝の持ち腐れ」のように感じます。

日本で「高齢化と社会への貢献と」いうスキームが成功すれば世界へ発信でき、同様な問題で悩める国へのアドバイスにもなります。

人材不足もあり、政府も当面二〇二五年を照準に年齢、国籍を問わず施策が打たれ始めました。二〇一九年から五年間で三十五万人の外国人労働者を受け入れるというのです。

そして基礎的財政収支（プライマリー・バランス）の黒字化目標が五年遅れとな

り、二〇二五年へ延期となりました。収入が歳出を上回り国債を発行しない時代へ外国人も一役担うということになります。少なくとも「二〇二五年問題」も含め財政経費を賄えるという目論見です。

シニアの活用もさることながら、長期的にはアジア、ＢＲＩＣｓの国々は人口増と共に経済成長の基調にあります。企業で言えば国内・海外の従業員も含めて**世界の労働力を一体**のものとして見做すこともできます。

人手不足は介護、農業、建築現場などの分野では逼迫した状況です。ただし、日本の思惑どおりに外国人労働者が来てくれるかは極めて疑問です。「日本は処遇も含め**働きやすい国**であるのか」ということです。最近はカナダ、オーストラリアを希望する人が増加しています。また中国も人手不足（一人っ子政策に起因）になっていきます。そうなるとアジアから人材の取り合いになるでしょう。

いつの時代でもそうですが、労働人口減少状態では特に一人当たりの生産性（利益／社員数）を上げることになりますが、賃金が高騰していく中では生産性を工夫して利益を上げるしかありません。

労働人口減少対策の一つとしてＡＩ（人工知能）でカバー出来るかと問われれば、それは容易にそうとも言えません。

それはコンピュータ技術、高機能ロボット、自動化（ＲＰＡ：ロボティック・プロセス・オートメーション）を駆使して総動員します。

それによって確かにデータ情報の認識、解析、推論のプロセスは代替できますので人員整理も行われます。これはあくまでもプロセスの短縮ですので究極の目的を達成するということにはなりません。

いわゆる心（こころ）の部分に触れる作業は未来永劫できるものではありません。

自動車の運転に例えるならば、以前はドライバーの腕にかかっていたものが、カーナビゲーションに助けられ、今後は、完全自動運転化へ変わるというのです。人命に関わる重要課題ですので一点のミスも許されません。

この様にＡＩは有益ではありますが、完璧さが要求されます。ＡＩ技術の進歩を否定するつもりは、毛頭ありませんが悪事に使う人も増えていきますので、一筋縄ではいかないということです。

ここで地球の狭小化に伴いグローバル時代に相応しい、企業形態とは何かについて述べてみます。

海外へ進出する企業形態の呼び方を思い起こしてみると、ローカル企業→インターナショナル企業→多国籍企業→**グローバル**（地球規模）**企業**へと変貌してきました。

この変化におけるヒト、モノ、カネの往来は地球の狭小化現象へ拍車をかけました。

特にグローバル企業では国の優位性を見出し、企業独自が持ち得る資産（ヒト・モノ・カネ）を諸国へバランスよく配置します。

この場合、本社を日本に置く必要はなく、極端にいうと、総務・人事をシンガポールに、戦略的生産技術をドイツに、生産をブラジルに、と専業化することもできます。

グローバル企業への変貌

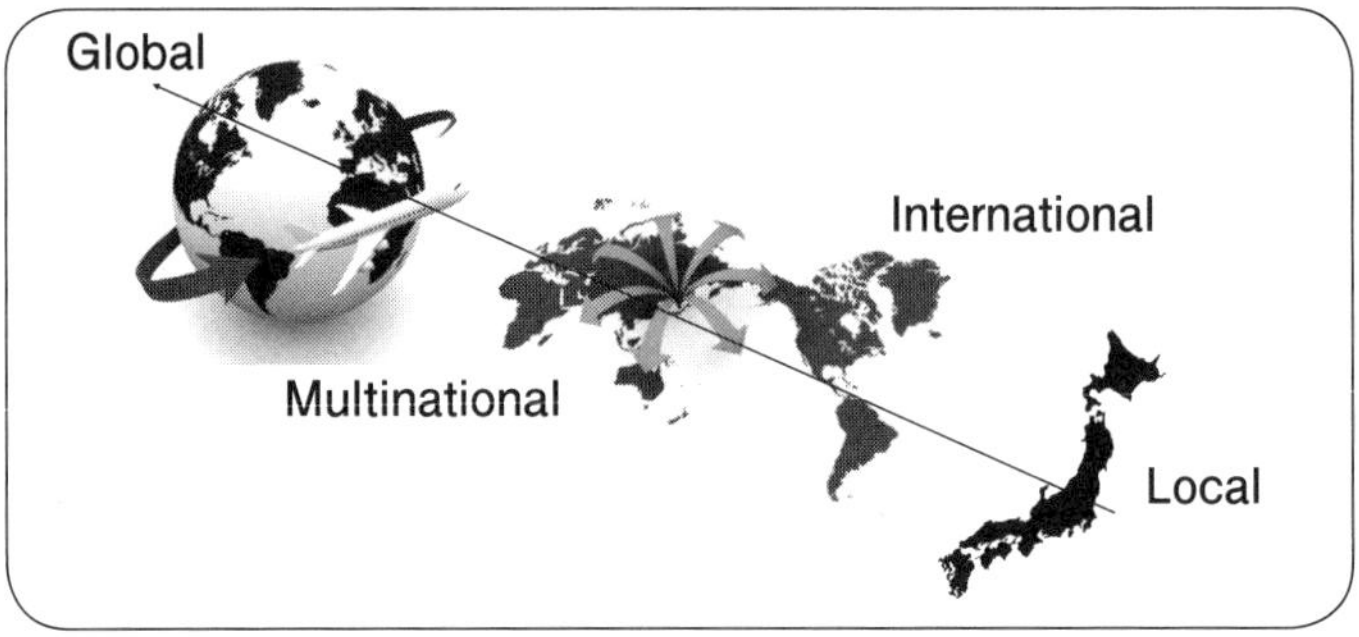

どの分野もグローバルに活路を見出す

それを統括し、情報をグローバルで共有し世界的な活動をすることも可能になるというわけです。

例えば、各拠点がそれぞれ素材を輸入して原料を作るのではなく、素材の豊富な国で原料を作り、量産効果を出すことでコスト低減を図るということです。このように経営資源がうまく配分されると、理論的には機能のマッチした地域での活動となり、ムダが抑えられます。それに国際規模で雇用の貢献にも繋がることは言うまでもありません。ただし「現地経営色」が日増しに濃くなっていきますので、現地の人を登用することも並行して進めることです。情報面では、特に多国籍企業からグローバル企業へ移行する段階や、新興市場の成長へ情報技術（I

T）が大活躍したように、これからも更に必要とされます。世界的に経済活動し膨大な経営資源が必要になりますので、グローバル企業と呼ばれる会社はそう多くはありません。

一方、日本を生産・販売のベースとして国内需要での利益を上げる企業もあります。

当然ながら国内では自国通貨の円決済ですので、為替変動に影響されることもなく、海外進出コストや海外人材コストも必要ないように見えます。ところが実際は材料が輸入品なら、為替変動の影響を受けています。製造業であれば、ほとんどの原料が輸入に頼っていますので材料コストへの影響は必至です。いずれにしても米ドル決済の場合、円安なら輸入、円高なら輸出に対し負の方向へ働きますので一喜一憂することにもなります。

グローバル時代では原料入手のみならず、市場もさらに国際化しますので対岸の火事というわけにはいきません。

従ってますます経済、金融は協業の度合いを深めることになり、今まで以上に技

術力・資金力においては**先進国の影響**を受けることになります。それだけに日本の役割も大きくなります。

またグローバルビジネスは国際金融、顧客の多様化に伴い、販売好調に見えても資金繰りが行き詰まるリスクもあります。何故なら銀行取引上、日本の商習慣は知名度、信頼関係が重要視されてきましたが、今後はその度合いは低くなり実績が重視されます。言い換えれば販売好調に見えても資金繰りが困難になり黒字倒産が多発することもありえます。

地球の狭小化においては、対象がグローバルなだけに様々な**予期せぬリスク**が潜むことも念頭におかなければなりません。

未だにデフレ脱却も見えずマイナス金利も相まって、円ビジネスだけでは経営が成立しない時代です。外貨建ての要素が複雑に絡み合ってきますので、経営のハイブリッド化（異種の技術を掛け合わせることで新たな価値を生む）が迫られることになるのです。

生産性向上で得られた資金を、次章で述べる「安心・安全で健康に暮らす」の財源に充て、バランスの取れた時代を迎えることです。

二章　時代を読む

最近は、バス、電車、待合室などでスマホを操作していない人を探すのが難しいぐらいです。むしろ、スマホに牛耳られているようにさえ感じます。

膨大な情報が飛び交う時代です。信憑性のない情報は混乱を招きますので取捨選択することです。そして残念ながらこの溢れる情報を巧みに操り、不正を行う輩も出ています。文明の利器は、提供する側が倫理性を以って負の面も統制していく義務があります。


情報が次々もたらされ、グローバル化が進むと早いスパンでモノの捉え方は変わり、考え方も陳腐化されていく感があります。

現役であれば一日の時間のほとんどは仕事に費やされるのが現状です。効率の良い仕事が求められる中で、メンタルケアが大事になってきます。

これからはプライベートな時間を持ちエンジョイすること、唯一無二の興味に没頭することです。精神的なリフレッシュが必要であり、それが良い仕事をするための潤滑剤です。

日本の社会風土として勤務時間が少なくなると、仕事をこなしきれないと心配す

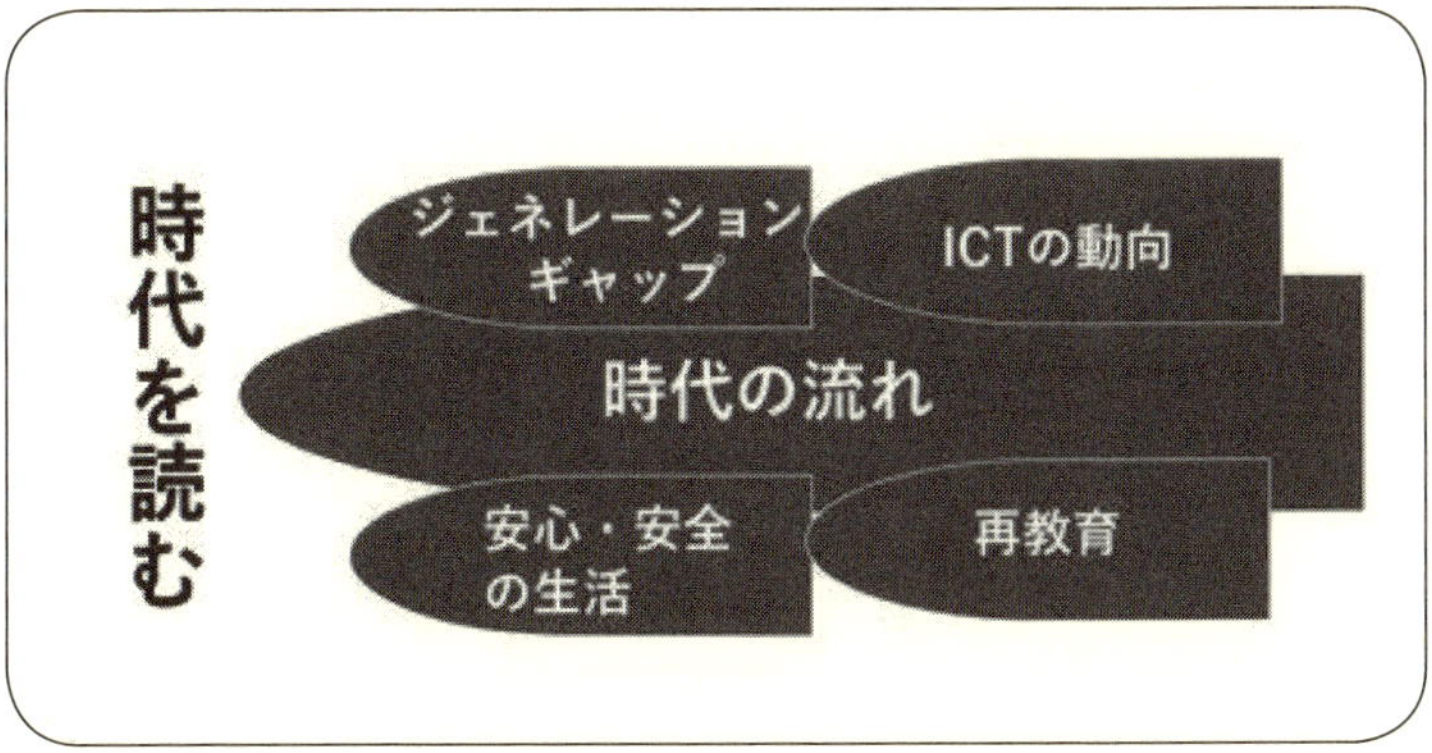

る人もいますが、そのようなことはありません。すべては効率の良し悪しにかかってきます。従って思い切って労働時間を減らしたり、定時終業の日を増やしたり、自由に休暇取得できるなど、職場環境を変革することです。またそのような企業でなければ成長も期待できません。短時間で効果を上げる習慣をつけるのです。時間があればムダなものを造ってしまうかもしれません。

時代を読む上で、長寿社会に於ける年代層がどのように分けられるかが極めて重要になってきます。年代層は次の四層に分けられると考えます。

●八十歳代以上（一世）。
●六十〜八十歳代（二世）。
●四十〜六十歳代（三世）。

●四十歳以下（ミレニアル世代、四世）。

言わば戦中戦後の狂瀾怒濤の時代を経験した年代を一世とすると、今は戦争を知らない三世中心の時代であり、近い将来には四世が国を担っていきます。戦争経験云々という議論ではなくても、各時代層にはそれなりの独自性が生まれてくるのです。

シニアの良好な健康状態、歳入財源策に、呼応して定年が七十歳へ引き上げられる日もそう遠くはありません。従って年金支給開始時期も引き延ばされます。或いは定年制そのものが廃止される可能性もあります。

そうなると前述の二世の活躍が一段と活発になり、年代層が更に小刻みになるような気もします。

定年制の引き上げに踏み切ることは人件費増にもなります、かといって新卒採用を抑制するようなことがあってはなりません。企業の成長が分断（年齢構造の不均衡）され経営に支障をきたすからです。

グローバル時代では、情報の信憑性の高い低いはありますが、情報量は確実に増えていきます。そうなると年代層別による情報の感じ方、理解の仕方も必ず異なっていきますので、年代層間での孤立とかジェネレーションギャップによる乱れも懸念されます。

そこで年代層間での交流が必要になりますので、世代層の強みを分かち合うことです。

情報の選択と集中をするにしても、それを上手にキャッチできるのは概して若者です。

強みを分かち合うという点では、例えばミレニアル世代（一九八九年～一九九五年生まれ）から新技術の応用、情報システム、メディアなど学び、シニア世代から企業文化・社会慣行の長所・短所を助言してもらうような取り組み方も必要です。

長寿社会の仕事の進め方の特徴として、**シニア世代とミレニアル世代とがペア**となり効率を上げるということです。

シニアの方々が水泳、ジム、エアロビクス、ダンスで時間を過ごす光景はかなり以前から日常的になりました。

こうした現状に加え、新たな趣味や楽しみを生かしたビジネスも生まれてきます。

このように社会は仕事オンリーという状況では無くなりますが、効率だけはコンスタントに上げなければならないジレンマが生じます。効率を上げるには物事の本質を知っておかなければなりません。

高校時代、先生が流体力学の問題を解くのに公式があるにもかかわらず、プロセスを順序立てて示し公式を導き出してくれたことが蘇ってきます。

「公式へ代入すると容易に解が得られるのになぜそんなことを……」と思ったものです。

今になって思えばこれは、中堅の年代層が十代へ、社会へ出たときのための**論理思考**（プロセスの重要性）を悟していたのです。

現在、日本では各分野で一斉にＡＩの活用に躍起になっております。

「心」の部分まで人間に取って代わることは未来永劫ありませんが、確かにあるレベルまで人間の代わりをするであろうことは述べました。

仕事が代替できるということは、人に余分な時間をもたらすことになります。人はその時間をどう過ごすかです。

自己啓発に充てれば新たな知識を得、他の道も拓けます。逆に無駄に過ごせば時間の浪費で、場合によっては去就を迫られることにもなりかねません。

効率重視の社会では、いつも自己啓発に努めなければなりません。

自分に合う仕事を探し続けていると、経験や知識を得る時間もそれだけ少なくなり一知半解になる可能性もあります。もちろん最初の仕事の選択は慎重にならざるを得ません。ひとたび仕事に就く機会を得たら猪突猛進することです。

時代を読むにあたり強く感じることに「**現代**《いま》よりも**利便性の追求**が必要であるか？」という素朴な疑問です。

例えば、過去七十年を振り返って見ても各分野の利便性は大きく向上しました。

特に情報分野においては、ＩＣＴ（情報通信技術）を駆使したあらゆる分野に目を見張るものがあります。わずか七十年でこの変遷ぶりです。このスパンはさらに短くなり、さらなる利便性が追求されることは容易に想像できます。

しかし利便性が向上する反面、ルールが守れないと犯罪も増えます。犯罪が増えると取締まる業務、新たに法律を制定する業務も増えます。

　このように仕事が増えても人手不足により、携わる人材も確保できない可能性も出てきます。

　結局は利便性に振り回され負のループになると、もはやそれは「利便性」と呼べるものではありません。従って情報技術のデジタル化には強固な**倫理性**が求められます。

　日常生活に与える**利便と犯罪**は表裏一体の関係にあるのです。このアンバランスを是正するには、特にＩＣＴ開発と使いみちについて総合的に配慮する必要があります。


　高度成長期の陰で公害病や環境破壊に悩まされてきました。いつの時代でも繁栄の裏に犠牲になった多くの人々がいることを忘れてはなりません。不幸な体験をしっかりと踏まえ先手を打つことです。

　これらを勘案しグローバル時代を読むにあたり、何をテーマアップして、どのように推進していくかを述べてみます。

日常を「安心・安全の社会のなかで健康に暮らす」という視点で考えるとき、重点施策に絞って次の三つをテーマアップします。

●インフラストラクチャー（以後インフラと呼ぶ）の点検・整備とエネルギー開発。
●医療・看護。
●教育（マナー）。

——先ずインフラの分野に於いて、

今日まで我々の生活や社会を支えてきた、インフラは古いものでは七十年が経過しております。

自然災害の多い日本では少し誇張した表現になりますが「**脆弱なガラス細工**」の上で生活しているような気がしてなりません。自然災害や情報技術の不具合のたびに社会の機能がマヒしています。現在のインフラは**老朽化**を前提に大規模点検をする時期だということです。

インフラでは原子力、ダム、治水、高速道路、輸送・交通機関（特に新幹線）、トンネル、建造物の耐震、南海トラフ地震に備えた防災などの点検と対策を徹底する。それとエネルギー源開発を挙げます。

過去の事故・事例を教訓にして復帰の時間短縮を図ったり、自然災害の凄まじい破壊力にどう向き合い、いかに最小限にくい止めるかです。

一例として、地政学的に日本は可住地面積率が低いこともあり、少々地形の悪いところでも住宅開発が進められます。住宅の立地条件、土砂崩れ、川の氾濫、山麓や埋立地での建築の妥当性を徹底レビューすることです。やっと手に入れたマイホームが無残な結果になるほど悲しいことはありません。

利便性の追求やビジネスが優先され対策が後手に回ってきた感は否めません。同時に危機管理を盤石なものにすることです。ここで言う危機管理とはテロリズム、サイバーセキュリティ、防犯、技術漏洩等々とグローバル化に伴って潜む様々なリスクも含みます。

点検・整備と言えば、普通の定期点検の延長のようなイメージに聞こえますが今までのそれとは異なった方法をとることです。

現代文明の利器を十分に活用し「**革新的な点検と対策**」を図るのです。

ＡＩやＩｏＴ（モノのインターネット）、ロボット、ドローンを駆使し叡智を結集することです。今まで培ってきたこれらの文明の利器を最大限に活用し、予防保全に繋げます。

自然災害の多い我が国は並行して避難訓練、緊急時の情報体制を確立しておくことです。

今後五十年の早い段階で優先すべきは安心・安全の環境を築くことです。

この施策の成功の暁には「安全インフラ白書」として世界中へ提供できれば素晴らしいことではないでしょうか。

――次に医療・看護の分野に於いて、
昨今、二〇四五年には平均**百歳**時代の到来が話題になっております。確かに健康を維持し、**百歳を迎える**ことは理想的です。その為には今日まで培ってきた看護と介護両面で情報を共有し、予防に繋がる仕組みを作ることです。

平均寿命について考えてみると、戦後は六十歳程度の寿命から四十%も伸び八十余歳になりました。

その要因としては医療の進歩・食事・運動ブームによるところが大きいでしょう。その反面、残念なことに長寿がゆえに新たな病で苦しむ人も増えています。

医療分野は全ての診療科目で進歩するとしても、次の三つに万国共通の願いが集中するのではないでしょうか。

●**三大疾病**（がん、急性心筋梗塞、脳卒中）。

●**iPS細胞による再生医療**。

●**アルツハイマー病**。

基本的に五体満足で過ごせること、難病が回復すること、認知できるようになると新たな人生が開けます。これらは国力を高める上でも大きな役割を果たします。健康寿命が伸びることは当然ながら社会が活性化され、社会保険負担軽減、延いては地方財政等々へ貢献します。

次に高齢化社会に欠かせない介護の在り方・サービスです。

例えば、介護する側とされる側とのギャップに注目します。ケアの対応は現状のままで良いのか、慢性化していないか、過剰になっていないか、ビジネス優先になっていないか、要介護認定は適正な判定基準であるか、あるいはされる側として、一人よがりはないか、無理難題を押し付けていないか、などです。介護される人も日本人ばかりではない日もそう遠くはありません。

これらを幅広く検証し、より良い介護のあり方を構築し、この分野の深刻な人手不足への解消を模索することです。

また介護・看護の在り方・サービスは必要に応じて国際標準と整合しているか、また国際標準そのものの在り方へも助言することです。

全員が**百歳**時代を健康で迎えるに越したことはありませんが、そうもいきません。病気の容態も多様化し、**各年代層に相応しい介護**というものも求められ複雑な介護体制が予測されます。一つずつそのあり方を検証していくことになります。

過疎化対策が優先課題ではありますが、地域での医療相談や治療をオンラインによるものではなく、マンツーマンで行われる時代にすることです。画面を通して

「痒い所に手が届く」とは思えません。医師の待遇や不足の対策も並行して改善していかなければなりません。

高齢化社会において、現役の方々が介護を理由に離職を余儀なくされるケースが出ております。これだけは避けなければなりません。これこそ国力を損なっていくものです。

世界のどの国よりも高齢化率が高い日本は、この分野をリードしていく義務もあります。理想ではありますが「看護いらず」の社会を念頭において取り組むべき重要な課題です。

ではどうすれば不老長寿へ近づけるか、又は健康を維持していけるか、つまり治療、介護・看護を減らす工夫です。

多くのシニアの方々がプール、ジム、エアロビクス、ダンスで時間を過ごしていることを前述しました。健康に気を配るからこそ、こうして身体を動かすわけです。

一病息災と言われるように持病があるくらいの方が、かえって体を大切にするため健康維持につながります。あまり持病を気にせずに身体を動かすことが大切だと思います。

健全な心身を保てる訓練には**文武両道**を心がけることです。これは日常生活の中で差し迫って必要とされませんので見過ごされやすいのです。しかし、これこそが最たる予防医学ではないでしょうか。

健康に関しては個々人が管理することでもありますので、ここでは私の経験で述べることにします。

知覚・感覚を維持するには先ず脳と身体をいつも活性させておくことです。例えば頭の運動として、興味のあるラジオ番組、テレビ番組、セミナー、日記、作文、読書、語学、会話……と無限です。

一方、身体の運動も無限にあります。

もちろん自分の体力を知り、自分に見合う運動を負荷なく行うことです。具合の悪いところがあれば医師と相談し、徒歩、ジム、水泳、ジョギング、ストレッチ……などにも挑戦する。老化は足からと言います、特に足腰の鍛錬は日常生活を支障なく送る為にとても大切なことです。

路上でよくヘトヘトになり、今にも倒れそうなランニングをしている人を見かけますが無理は逆効果です。

これらを一つのメカニズムとして整理してみると、「エネルギーを使って情報を得る→脳が活性する→知識を得る→身体を動かす→食欲旺盛→健康維持」の好循環が生まれるということです。もちろんこの前提として薬に頼らず医食同源を実践することです。取りも直さず予防医学です。

私はいつも**考える**ことと、何かしらの**運動**を並行して継続することが、心身を健全に保つ基本だと思い実行しています。

インフラ点検・整備と同様に医療・看護も未然に防ぐことで、一に看病、二に薬と言われるように予防が最も重要になります。

――最後に教育の分野です。

この課題には多くの切り口がありますが、ここでは「基本的なマナー」という極めて常識的なものを取り上げます。

昨今、学校や社会で頻繁に起きていることは、国際化社会に相応しくない言動です。

本来、それらは常識の範囲で考えて行動すれば何も起こり得ないことばかりです。日本の安心・安全の神話が骨抜きになりつつあります。

ここでは基本的なマナーを正すのに、特に日本人が**集団思考から脱皮**することをテーマアップします。

決して集団思考が悪いわけではありませんが、それに安住する余り自分の意見、考え方が養成されないという弱点があるということです。

悪事の根底にあるものが、いわゆる「**いじめ**」という虚しい現象で、様々な面で大きな影響を及ぼしている気がしてなりません。それはある種の保身にも繋がり、大人にも当てはまることです。特に日本のいじめは外国のそれに比較して根が深い気がします。

先ず子供に関して述べますと、東日本大震災の後、子供が避難先でいじめに遭い自殺を考えたり、福島から転校してきた男子が「菌」と呼ばれるなどの原発いじめ。

海外帰国子女がいじめを避けるために一度、親の実家の学校で過ごしてから、ホームタウンへ転校しなおす無意味な行動。

教育委員会が、いじめを苦に自殺した中学生を直隠しにする、あるいは見ないふりをする、など本来、先頭に立って改善策を練るべき教育機関でこのありさまです。一生懸命に教育改善しようと努力されている関係者にとってはやるせない思いでしょう。

将来を担う子供が命を絶つほど、暗く希望のない環境はどう考えても異常です。また「いじめ」が原因で不登校になることもしばしばです。学習に遅れをとることで、挽回が効かなくなり、人生に大きな影響を与え兼ねません。

さらなる**家庭**、**学校**、**地域**の協調性が求められます。躾は家で、教育は学校で、と割りきれるものではなくなりました。

日本人は共助、公助といった素晴らしい一面がある反面、なぜか「いじめ」の発想が心の奥底に潜んでいることが不可思議でなりません。

先日、近所の小学校のスピーカーから運動会の「駆けっこ」の賑やかな声が聞こえてきたので、出かけてみました。

子供達が埃にまみれて一生懸命に走る姿、上級生が下級生を気遣う姿、走っている最中に転んだ仲間を起こす光景、久し振りに感動させられました。

こんな和気あいあいとした空気の中に「いじめの芽」が潜んでいるなんて想像だにできません。

大人には、この「いじめ」の芽を摘みつつ、生まれながらにして備わっている良知良能を伸ばしてあげる義務があります。

では何をすれば良いか、

――防止策（発生してしまってから対処する策）。

施策としては、いじめへの関わり方だと思います。

前述のように大人が隠そうとするのでなく、関係者が積極的に受け止め、かつ迅速果敢な行動をとることです。時間が経つことにより被害はどんどん大きくなり取り返しのつかないことになります。

その際、校長が現状と対策へ向け、中心的役割を果たすことです。企業であれば社長がその役割を担うことになります。

昨今、教員の勤務時間が長いことも指摘されています。仕事の見直しによって本課題へより一層集中できる時間をつくり、他の何よりも優先し向き合い、悲惨な事故を防止することです。

それほどに「いじめ」を受ける子にとっては深刻なことなのです。

組織の長が先頭に立ち陣頭指揮をとり、決して傍観しないことです。事態をケースごとに取り上げ、いじめの内容にどんな傾向があるか把握します。

さまざまなケースがあるので原因別の対策をとることが重要です。いじめは何も益を生まず害のみが双方に残ることを説きます。

いじめが将来に禍根を残すことのないように気を配ります。五十年後にこの子供達が定年を迎えるのです。だからこそ、一刻も早い対応が迫られます。

——予防策（根底から絶つ策）。

この策は少なくとも数十年をかけ児童の意識を変え、「いじめ」を払拭することです。

全員が物事の良し悪しは分かっているはずです。この案件は国民性に起因している部分もあり容易に払拭できないことがらです。だから時間を要するのです。

集団行動ゆえに自分の意思に反した言動になったり、歯止めが利かなくなったりするのは、気持ちの余裕が欠如しているからだと考えられます。

一つの施策として家庭では、子供との時間の過ごし方を工夫することです。家族と一緒に過ごす時間を意識して持ち、その中で親と共同作業をするとか、親の仕事を手伝ったりすることで、いろんなことを感じ自覚させるのです。

様々な場面で「どう思う？」「あなたがあの立場ならどうする？」と意見を聞くように心がけます。何気なくテレビ番組を見ているときでも意見、感想を聞きます。子供達が意見を述べる感覚を育むのです。

そして、考えが一つではないことを理解させ、良い考えであれば褒めて自信につなげます。

また特定の本でなくてもよいので、本や新聞を読む習慣を付けさせ、そこから良識を培っていくことです。

書いてある内容を鵜呑みにする必要はなく自分の**意見**、**考え**を持たせることが狙いです。読解力も付き、自らも文章の構成能力を養うことで全体像をイメージする訓練にもなります。

私が考えるもう一つの対策に「モノを作る（工作）ことを体験させる」ということがあります。本人が興味を持つこと、好きなことを題材に選ぶということが大切です。低学年から高学年へ進むに従い、モノ作りの題材を変えていくのです。成功もあれば失敗もあるでしょう。失敗したら、それを次の機会へ活かす。

複数人で作れば協調性・自制心も培われます。完成したら次へ挑戦するというステップアップ力も養成されます。

モノ作りは総合的な見方と知恵を働かすことにもなります。工作するには材料を選び、工程を経て、自分で考え（判断）、行動、管理もしなければなりません。大きな捉え方をすると、日本がモノ作りを通して経済発展を成してきたことに似ています。

このような小さな取り組みから**思いやる気持ち**と**主体性**を養うことです。

これは概して学校での受動的な思考から能動的になっていきなさいということです。無から有を創れる喜びが得られます。

一方、学校では、ケーススタディー、テーマを決めフリーディスカッション、相手の立場になるような例題、偉人や先生の経験談などを取り上げてみます。テーマは失敗事例でも良いし、題材は子供達からも提供させます。

決して強制せず結論はこうだと決めつける必要はなく、各人の発表や意見を尊重しながら本質を追及していきます。

いじめによって、人を傷つけ、どれだけ時間をロスするかを常に意識付けることです。

このような新しいカリキュラムを授業に導入することで、子供達にある程度**独りで考え行動し発言する**ことが備わります。

集団とか、独りでいることとは関係なく自分の意見を持つことが大事なのです。これが訓練されることで他人は他人、自分は自分という考え方が培われます。

外国では概して低学年から自分の意見、主張を持ち議論する風潮があります。これは少なからず国民性に起因していることは否めませんが見習う価値はあります。

では、大人の社会ではどうでしょうか。

社会の**ルールが形骸化**し、「無理が通れば道理がひっこむ」の状態です。

企業の相次ぐデータ改ざん・隠蔽、スポーツ界のルール違反、県知事が海外で女性添乗員に怒声を浴びせたり、政治家が便宜の見返りを求めたり、大学入試における女性差別、親子間で起こる殺人事件……止まらない不祥事、冷酷無残の多さに社会の歪みを感じざるを得ません。

お茶の間のテレビでは「申し訳ございませんでした」と頭を深々と下げる光景が日常茶飯事となりました。全ての不祥事は本人はもちろん、管理監督者にも責任があることは言うまでもありません。

しかし、事態を分析して再発防止をすることもなく、タイムリーに発表されないケースも多々あります。

会社で言えば「ＩＳＯ（国際標準化機構）認証取得は果たして何だったんだろう?」と言わざるを得ません。金科玉条のごとく掲げてきたものが実態にそぐわなくなってきているのです。

私がフランスに駐在していたとき「日本でも隠蔽、無資格者に依る検査、データ改ざんなどが頻繁に起きる国になったのか？」と言われた時は、言い返す言葉が見つからず、言葉に詰まりました。

良識あるべき大人が、道徳心を失い引き起こす不祥事は、一企業だけのものではなく日本の失墜につながります。人手不足だから手を抜くようなことであるならば、もはや組織の機能、役割が存在しない状態と言わざるを得ません。胆大心小にものを進めていた時代、地位が人を作った時代に戻る必要性がありそうです。

社会が歪むと言うことは安全性が脅かされ、前述の「脆弱なガラス細工」が物理的なものだけでなく精神面の瓦解へもつながるということです。

以前から類似したような問題はありましたが頻度が高くなった上に、同じ内容の不正を繰り返す事例も少なくありません。反省の意識が薄く、縦割りの組織体系によるコミュニケーションの欠如に大きな問題がありそうです。

最も危惧することは責任の所在、対策が曖昧模糊となり立ち消えていくことです。若者、学生から見ると「社会の組織はこの程度の管理レベルか」と不信感が募るばかりでしょう。

　このような中で、そのような会社に内定した人達は転職したくても、そう容易に転職もできません。あるいは既に入社している人達は、士気を失うことになります。

　組織とは、**役割**とは、**任務**とは何なのか、原点に戻るべきです。決して組織の中で保身のあまり、おもねることがあってはなりません。責任体制を明確にし、組織を機能させることです。そして子供の行いに対し是非曲直を示さなければなりません。


　かつて世界から注目された最高品質のモノ作り、さらに日本人への**信頼感**までが揺らぎ始めています。工業立国が多くの課題を抱えることになりました。

　時折、ミラクル（神わざ）なことをやってのける日本人が、いとも簡単にルール違反していれば、今まで築いてきたものも一日にして信用を失い、組織は瓦解してしまいます。

　日本の良さは古来、普遍的なものであったはずです。経営にも哲学があり日本は名実ともに世界のリーダーに君臨していました。その復活のためにもう一度原点に戻ることです。

「人の意見は四十まで」と言うくらいですので、今さら大人に説法することはできませんが、これから社会へ出る人へのリマインド（再確認）を促すことはできます。

一つの施策として、海外で仕事を始めた頃から考えていたことがあります。それは教育機関に企業経験者の実務経験を述べ伝える場を設定することです。戦後、二十年足らずで日本を世界の冠たる国へ導いた、戦中・戦後の一世の方々の子供達（二世）も今はシニア世代を迎えました。

二世は、その活躍の舞台を国内から国際市場へと展開しました。そして企業文化を知り尽くし、少なくとも国際感覚も身に付けてきました。こういう方々から学生に伝授する場を設けるのです。

その伝授の場を高校・大学に設置し、カリキュラムに組み込むのです。難しい内容ではなく社会人としての国際的な**最低限のマナーと即戦力**が主な科目になります。

理論や専門的な教書からだけの知識に加えて、この二つを教わることは、学生にとっても新鮮で興味ある授業になること請け合いです。

大学のリベラルアーツと称する教養課程で似たようなことが実施されているかもしれません。しかし、ここで言うカリキュラムとは、深い専門領域ではなく「ルールの重要性」と「実践に即した働き方の術」という極めて基本的なことです。

前者の「ルールの重要性」として、利益はいつも規則に則ってのみ達成することを理解させなければなりません。誰もが理解してはいますが、実際に悪事の直前にすっかり忘れ去られるところに問題があるのです。

前述した不祥事のほとんどは人のエゴイズムに起因しています。エゴイズムは日本人に限ったことではありませんが、千慮の一失ということもあります。何らかのきっかけで防げるかもしれません。

従って過去の例を用い、どうすれば止められたかをケースごとに解き、どう対処するかを体系付けるのです。

これを社会人になる前にもう一度記憶させようという目論みです。何を今さらと言われるかもしれませんが、水際作戦に出るしかありません。放置しておくと堰き止められず、グローバル時代にそぐわない国になります。

後者の「実践に即した働き方の術」については、働く上での姿勢と国際感覚の伝授です（六章グローバル人材にも記述）。

海外で仕事する上で何気ない言動で、失態を引き起こしてしまうことがあります。一つの事例ですが、シンガポール、マレーシア駐在のとき、過去の戦争での惨事を意識せざるを得ない場面に遭遇したものです。

社内では、意識せずに協業しますが、一歩外へ出るとまだ戦争の痕跡を感じさせられます。それだけに、仕事の進め方に於いても、「日本のやり方や習慣はこうだ」と断定するのではなく、あくまでも参考案として示すことです。

教育機関での伝授の基本は常にグローバル視点に沿って行われることです。

パートナー国の歴史・文化の背景を概ね把握しておき、その国の常識を逸しないことも大切なことです。

海外で活動する全ての企業は、その国の人にお世話になりビジネスが成立していることを忘れてはなりません。

このように既存の高校や大学に於ける伝授と同時に、もう一つ望むことがあります。それは新しく教育機関を設立する案です。

現在の教育機関を眺めたとき、欠けているのは政府主導のプロフェッショナル・スクールが存在しないことです。

今までのような日本の平準化した教育機関ではなく、例えばフランスの国立教育機関である「グランゼコール」のような趣旨をもつ教育機関を主要都市に設置し、各分野でのスペシャリストを育成し、社会への即戦力とする構想です。刻一刻、変遷する時代の中から最新情報、先端技術、情報技術を共有し、実践ノウハウを蓄えグローバル時代に備えるというシナリオです。

ここでも「ルールの重要性」と「実践に即した働き方の術」に関する科目をカリキュラムに含めますが、この機関に特筆すべきことが三つあります。

一つ目は、個性と能力を最大限に引き出す術を教えることです。

相手を慮ったり、遠慮したり、控え目な行動をとることなく、積極的にビジョンを持ってアタックする姿勢を養うことです。ある意味、これらは美徳とされる国民性に反するようにも映りますが、これも日本人がグローバル人材へと変化する助走期間になります。

グローバル時代に於いては自分の意見を主張したり、他人の意見に応えたり、自分なりの企画をプレゼンテーションしたり、口に出して理路整然と訴えられることを養成するのです。学生の内に訓練することでグローバル社会へスムーズに滑り出すことができます。

二つ目は、その教育機関へは、特に女性に多く入学してもらうことです。

現在、概して女性が多い職種と言われている、ヒューマンサービス系（看護、医師、教員、福祉など）から、他の分野（工学、建築、弁護士、経営、財務など）へも職域をさらに広げる取り組みです。政府でも進めている「女性が活躍する場」の選択と機会を与え、職域を広げることを目指します。

三つ目は、「リカレント（学び直し）」の場です。

百歳時代を迎えると働けるシニアも増加していきます。必ずしも仕事が自分にマッチし、定年まで勤めあげられない場合もあるし、他のキャリアを身に付けたい人もいます、ＡＩ技術への対応やキャリアアップを積みたい人もいます、そうした人達の「学び直し」の場としてもこのプロフェッショナルスクールを活用するのです。

日本では「〇〇塾」と呼ばれエキスパートを育成、自己啓発の場は存在しますが、公立教育機関が欲しいところです。

現在、時代を読む上で情報技術面では大きな変換点を迎えております。今まではアナログだったものが高スピードでデジタル化されています。

具体例（一章）で述べましたが、自動車の運転が完全自動運転になるというのです。従って誰もが同じ条件で目的地に到着することになります。

システムが百％正確に機能しないと人身事故へ繋がります。一点のミスも許されず高い専門性が求められる時代になります。

このような状況下では、かつての利益優先の思考、データ改ざん、隠蔽、繰り返される不祥事などは言語道断です。

ここまで述べてきました三つのテーマアップが「**安全なインフラの環境下で安心して健康体で暮らす社会**」です。

本章の最後に貿易経済上での留意点として為替動向を挙げてみます。最近は為替動向の予測が難しい状況にあります。なぜかというと世界貿易の分断・協調の乱れ、突発的な国際事件、一国の至上主義……等々が今まで以上に過敏に反応するようになったこともその要因の一つです。

この為替（主に米ドル対円）動向は、原料を輸入し加工貿易の形をとる日本では特に重要なファクターになります。

極端に言うと、円安基調では国内で生産、円高においては海外で生産（但し原料購入面から言えばその逆）することが臨機応変にできれば理想的です。

しかし、実際は国内・外に同じ設備を配置するわけにはいきませんので難しくなります。従って為替の変動に関係なく、いかに付加価値を増やすかが最大のキーとなります。

昨今の超低金利時代をどう活かすかもビジネスを左右します。M&A（合弁・買収）はその点、有利な手段の典型です。出来上がった組織が存在し、人事採用にさほど労せずに済み、継続してオペレーションができるメリットが得られるからです。

当然のことながら、それらの見直し、対象案件の将来性、維持・拡大のマネージメントができる人材が必要になることは言うまでもありません。

いつの時代でも予期せぬ事態や状況を読んで施策を打つことになります。

三章　専門性の在り方

このように時代を読む能力とその対応には、専門性のレベルが今まで以上にアップされなければなりません。

外国では定時で仕事を終えるのに対し、日本では切りの良さで、仕事を切り上げる傾向があり、残業が多くなりがちです。

このやり方では例え、技術・品質は優れ専門性は高く見えても、人件費は免れず国際社会で他を凌駕することはできません。

過去、**過剰品質**がコスト高を誘因してきたことも否めません。むしろ品質がほぼ同等ならコスト優先の選択になります。

従って専門性の評価は適正な品質・コストの条件付きで行なわれなければなりません。

過剰生産から必要なモノだけを供給する時代への舵取りです。不要なモノが溢れるとその対応に明け暮れることになります。例えば、ゴミ処理場の不足、環境の汚染・破壊（川、海洋ゴミ含む）という弊害をなくする仕組み作り、法律制定……、その結果、経費がかかるという負のスパイラルになるからです。

技術革新という言葉の裏には「**真の需要となり得る製品である**」という意味合い

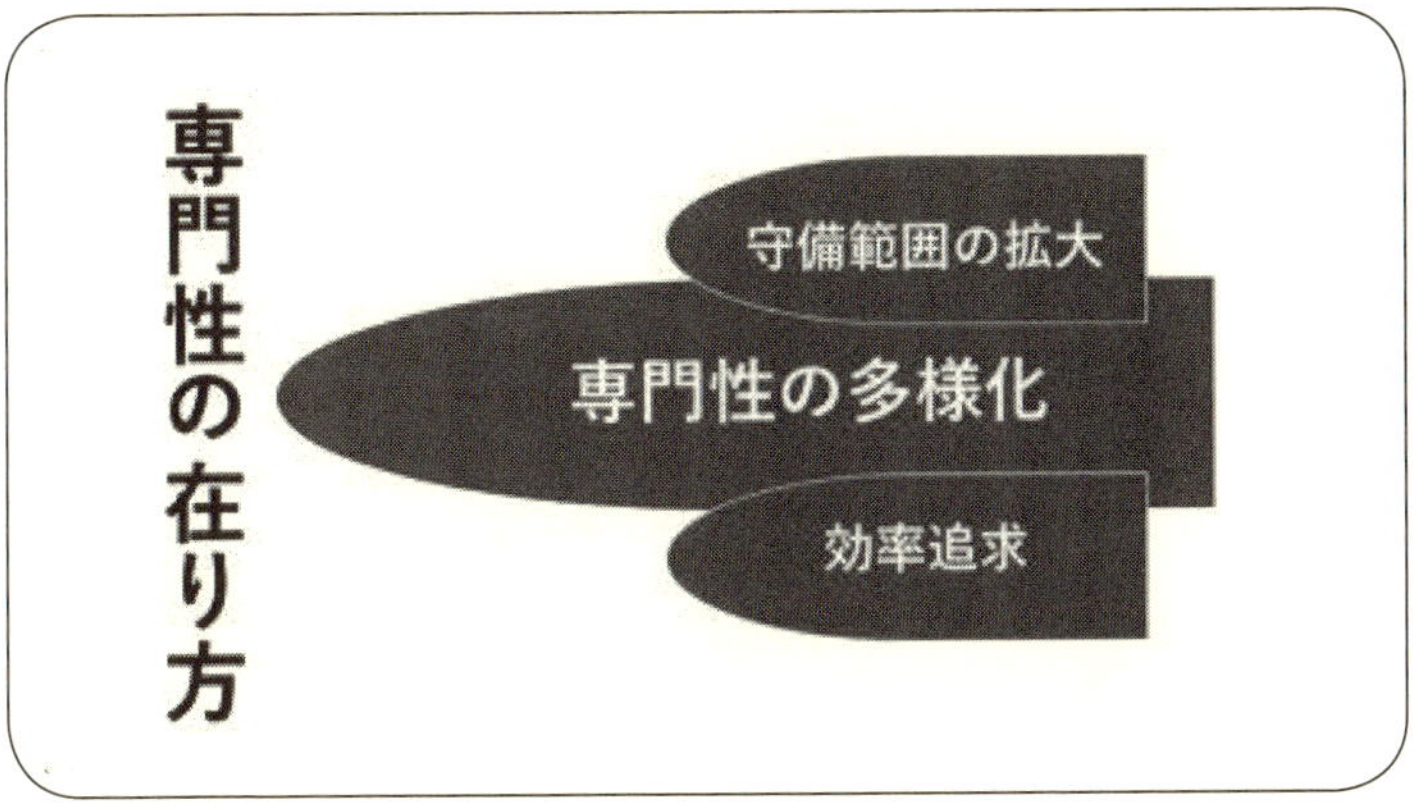

が含まれるべきです。負のスパイラルには、この意味合いがおざなりにされてきた感があります。この観点から、技術革新に於いては経済性と社会性に適合しているかを吟味することが今まで以上に問われます。売る為に作るのではなく、必要なものを作るという発想への転換です。

さて、人材の必要性のなかで新入社員の在り方について述べます。外国には、日本のように四月に一斉に入社、新入社員教育といった独特の慣行はありません。基本的に必要な時に必要な人材を採用するので、教育へ時間と経費をかけ育てることは極端に少ないです。

従って従業員は専門性を高めようと必死に努力します。そして同業他社に於いても自分の力が通用するレベルを目指すのです。専門性向上の為に見識を広めたい分野があれば、仕事を終えてから大学や専門学校に通い自分へ投資します。

どの企業で働くかが目的ではなく、自分の専門を武器にどこでも必要とされるという、スタンスを取ります。

逆に企業側から見れば、常にジョブホッピング（転職）のリスクに晒されていることになります。企業が最も危惧するのは、ボスが自部門の部員を引き連れて転職してしまうことです。

このように日本においても、採用方法もさらに合理的（ドライ）なものになり会社への忠誠心、終身雇用の慣習も必ず衰退していきます。

つまり前述の、ミレニアル世代にみられる規制枠にとらわれない時代層の考えが主流となり、世界のスタンダードへと変わりますので、早い時期に粛々と準備をしなければなりません。

日系企業が家族的で「下意上達」な文化であるのに対し、外資系は個人主義で

「上意下達」が一般的です。

このような現象では専門性向上がより求められることになります。なぜならば確固たる専門性が無いと上意下達に脆さが生じるからです。

世界の国では三十代、四十代の大統領・首相が次々に誕生しています。**若い人の斬新な考え**やマネージメントが必要とされ、国の繁栄や企業の生き残りにも大きな影響を与えていくことになります。

激動のグローバル時代では常に新しい感覚が必要になります、積極的に若返りの刷新を図り、新陳代謝を図ることです。また改革の芽はよく新人のアイデアに潜んでいるものです。

あくまでも個人差はありますが、吸収能力と応用能力があれば若くてもリーダーになれます。

今日までの経済の立役者であるシニアは、企業、職種にもよりますが若者をサポートする役に回ることも長寿社会に相応しいスタイルです。

今後はさらにムダを排除し生き残りをかけ、本格的な成果主義に移っていきます。現代人は概して欲がなく、現状維持を肯定する人が少なくありません。しかし場合によっては自分の人事（異動、処遇の要請）も自ら決めていくほどの主体性をもっていくべきかと思います。

自分の賃金は自分で決めるぐらいの勢いを持ち、もっといろんな面で欲を出すことではないでしょうか。もちろん自分の給料は自分で稼ぎ出さなければなりません。そしてアメリカンドリームの日本版を続出させ、社会の活性化につなげることです。それには個々人の**存在価値**、専門性の評価が問われることになります。

専門性を高める手段としては時間を有効に使う努力、工夫が必要です。こういった生き方のなかでは決断をせまられることが増えていきます。そういう観点から、人へ相談したり、助言を貰ったり、書物からヒントを得ることもあるでしょう。

しかし、最終的には**自分の考え**を優先し、決断しなければなりません。

なぜなら受動的になると行き詰まった時、再挑戦の糸口を再び人に頼ることになり元の木阿弥になるからです。自分の考えを優先しないと、計画性のない転職を強いられることにもなります。

それぞれの会社にあるコア技術を活かし、従来の製品と全く異なった製品を商品化している企業を見聞きしたことがあると思います。

それは既存技術を活かす「応用技術のひらめき」を持つ人がいるからです。これに挑戦し成功するには研究開発と経営陣との連携の良さも条件の一つです。

グローバル時代に於いても品質、コスト、納期面を満たすことは今と変わることはありませんが、**専門領域の拡大と多様性**というワン・ランク上のスキルが求められます。

領域が拡大すれば、複数の類似した専門職が並存することになり、二足のわらじを履くようになるということです。

日本はあまり、仕事に多様性を求めない国ですが、グローバル時代には、少子化も相まって生産性を上げるために複数の職をこなすことが、課せられた必須条件です。

「守備範囲を広める柔軟な考え」を持てば探究心も培われます。責任と役割も拡大します。しかしその良し悪しは人によってさまざまな見解があることでしょう。しかしながらグローバル時代では、狭い範囲で好きな仕事だけをするより、広い範囲へ挑戦した方が専門性も上がることは明々白々です。

生産性の高い仕事をするには**少数精鋭化**の組織とし、一人が持つ責任と役割を増やすことです。少人数なので管理し易いメリットがあります。大事なことは、責任の重さと同時に処遇を大幅に改善しモチベーションを上げることは言うまでもありません。

例えば、海外駐在した場合、自分の専門分野だけをこなせばよいということは決してありません。実際は会社の規模にもよりますが、技術者であっても担当外の労務管理、渉外業務、損益管理、等々も関与せざるを得ません。

どこの企業でも人材が豊富にいる訳ではなく、全部門から海外駐在させることは先ず不可能です。

しかも駐在者へかかるコストは、生活費などを含めれば、日本勤務時の二倍以上にもなります。駐在して自分の役割だけをこなしていては人材育成も図れません。会社を代表して駐在することになるので現地のスタッフから相談、質問されるのは当然です。駐在員は部門ごとに一応、役割と責任が定義づけられてはいますが、杓子定規に対応するわけにはいきません。自分で即答できないことは少なくとも本社へ問い合わせ、応えてあげることです。

専門領域の拡大という側面から、いくつかの例を挙げてみます。

野球の試合において、フライになったボールを二人が追っかけ遠慮し合って落としてしまうことがあります。逆に守備範囲外であっても猛進しファインプレーを演じ、チームへ貢献することもあります。

試合に勝つためには直径七センチほどの球をめがけ、あの広大な場所を守りきりかつ点数もとることです。

遠慮して落とすよりも、突進しアウトをもぎとり勝利に貢献したいものです。

学校を卒業し、就職すると各職場へ配属されます。そして仕事を覚えていくうちに担当の前後の仕事が気になってきます。その工程を知ることで自分の仕事の見直しや課題発見ができます。その次に、仕事の最初から最後まで**一気通貫の工程**に興味を持ち始めます。

そうすると多くの点に気づきコストダウンや生産性向上の提案ができるようになります。

言い換えると例えば理工系を卒業し、それに因んだ生産技術部門に配属されたとしても、部門以外の製品知識、マーケティング、コスト、損益などにも興味を持つことで専門性の幅が広がるということです。

私が、若い時分にアメリカ人の上司から唐突に次のようなことを依頼されたことがありました。生産戦略の一環として「進めたいプロジェクトがあるから試算してくれ」。それは、「日本からの部品の輸入を止め現地で作り、輸入関税、為替リスクを回避し採算性を改善したい、もし投資が必要なら何年で回収できるか?」というものでした。

ポイントは今までの輸入品による会社全体の利益（スルー利益）と現地生産した

場合のメリットの比較であり、計算そのものは難しくないのですが条件をどう見るかです。

上司は大まかな条件だけを言い、その会議を終え、計算そのものは出来上がりました。その過程で考えさせられたことは何年で回収できるかということでした。投資回収を左右する上で、毎年の利益が計画通りにいくか、為替をどう読むか、カントリーリスク（海外への投資や貸付けに伴う、回収不能などのリスクの度合い）をどう判断するかを見極めなければなりません。

上司に提出したところ案の定、その点を指摘されました。「駐在した国の潜在的リスク、中期的なビジネス環境」への配慮が十分ではないと言うのです。

どんな仕事でもそうですが「**大局的な見方**が網羅されているか」は専門性がいかほど備わっているかで試算の精度が変わってきます。

一方で専門性を高めるには個々人の努力はもちろんのことですが、行政側も**土壌を肥沃**にしてあげなければなりません。

その一つとして前述しましたが公立教育機関（グランゼコールのような）の設立です。

一九六〇年代に工業立国としての礎を築いた施策の一つに、工業高校の設立と充実した設備が経済発展に貢献したような展開を強く望むところです。

一方、企業側では研究・開発へ定期的に投資していくなかで、「社会が要求する真の需要になり得るか」を精査し製品開発に集中することは述べましたが、まさにこれが専門性の在り方そのものなのです。

他方、職人技を師匠が弟子へ伝えていく伝承があります。意外とこれが日本を象徴する光ものなのかもしれません。

しかし、最近ではこの匠の技までＡＩ化しようという動きが出てきております。もしそうなると世界中のいたる所で日本の匠の技が再現できることになります。形そのものは出来るかもしれませんが本来の「心」がそれに現れることはありません。世界は日本人の匠の「心」に魅了されているのですから。

大相撲で、稽古をつけてもらった番付の低い力士が、横綱に勝つことを恩返しと言います。まさに師匠を超える姿勢を持ち続けることこそがキャリアアップに繋がります。職人技がいつまでも生まれ、継承される長寿社会であって欲しいです。
　六章のグローバル人材の項で述べますが専門性なくして人材、人生は語れません。
専門性を持つことは、生きる糧を得るに等しいと考えます。

四章　知恵の効力

「後悔は知恵の緒」と言われるように失敗を生かしながら、永い時間をかけて知恵は形成されます。

知恵は多くの知識を咀嚼し、ものの**道理をいち早く推察**し対処していくことです。学校で学習する基礎知識から社会に出て経験を積み、知恵を得る事例は、日常よく聞かれると思います。

知恵に関する話を日本人の力量という視点で述べてみます。

地球の陸地は三割のみ、そこに七十五億人が住んでいます。そのうちの日本の人口は一・三億人（一・七％）です。

単純に世界最大の国土を誇るロシアと、日本とのある比較をしてみることにします（ロシアとの比較は人口もほぼ同じ、可住地面積率も約三十五％程度と類似）。

ロシア国土は日本の四十五倍、可住地面積の人口密度は一平方キロメートルあたり日本が一千人、ロシアが二十四人。

この数字が示すように日本はロシアに比較して四十二倍もの人が、ひしめき合って住んでいることになります。

こういう条件下、経済指標に目を向けると日本のＧＤＰ（国内総生産）五兆ドル、

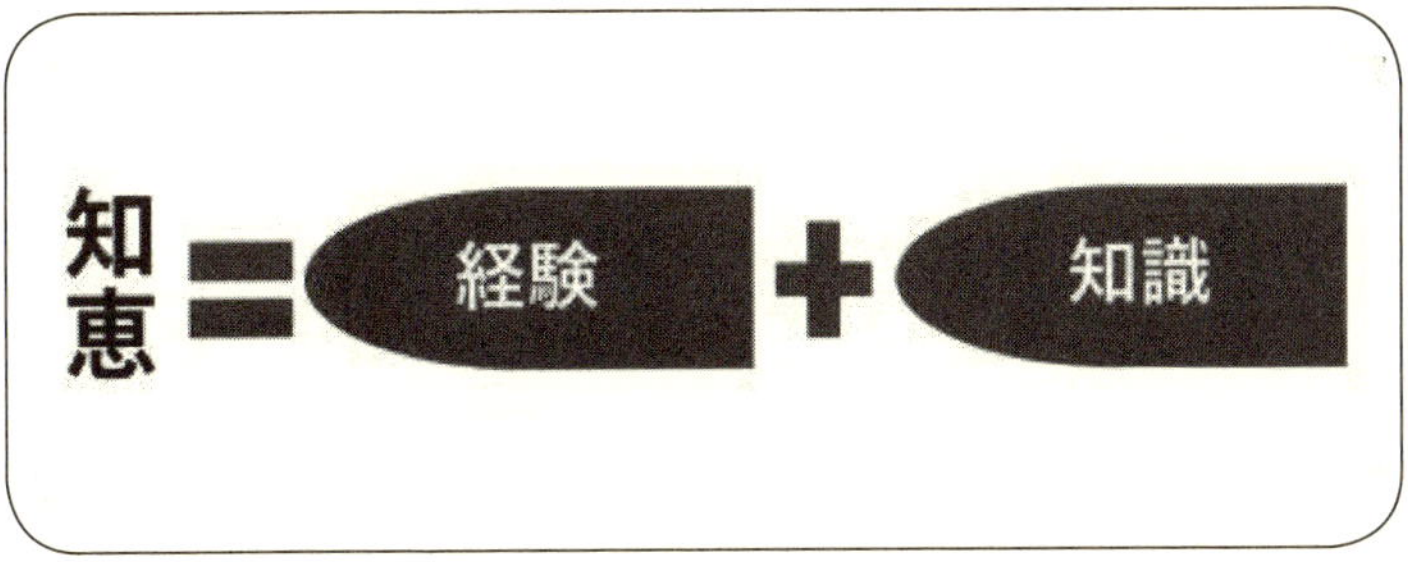

ロシアは一・三兆ドルです（二〇一六年）。

この数値から言えることは、資源の乏しい狭小な国土に住む日本人が稼ぎ出す付加価値の方がロシアの四倍弱ということです。

国土の大小や住める土地の広さではなく、そこに住む人の知恵（力量）でいかようにも国力は変化することが分かります。両国の優劣を比較しているのではなく、資源の乏しい国が持つ知恵の力を見ているのです。

我が小国は戦後廃墟と化してから一目散に勇往邁進した結果、二十余年で世界の冠たる国へ成長しました。この快挙は一言で言うと**一貫した教育と勤勉性**の賜物だと思います。しかしまだ課題は多く残されています。ここからいくつか知恵に関する国内・外の例を挙げていきます。

海外で、よくメイド・イン・ジャパンの優秀な製品や最新設備に出会います。

しかし高価で、採算上アジア製のモノを選択せざるを得ないケース、あるいはコスト高ゆえ、遊休資産の再利用というケースが多々あります。

対象は設備だけでなく、多くの分野で同様のことが言えます。まだまだ価格については知恵を出さなければならないことが多いです。特にこれからは安くて高品質の技術改革が求められます。

新しいモノ好きで、何でも買い揃える日本人の**消費感覚**が最近変わりつつあります。

古いモノが使いやすい、着やすい、安価といった声が聞かれるようになりました。また部屋や車のシェアもブームになりそうです。

今の時代、一般的な家庭では居間や台所にモノが溢れかえっています。でも消費感覚に変化が見えてきました。古いモノを大事にすると生産力・購買力を鈍らせ、デフレ脱却にも背くことになりますが節約するという意識の変化は大きな知恵です。

それに因んだ一例ですが、パリの工事現場でよく見かけた建物改修工事です。

それは、古い歴史的な建造物の外壁をそのまま残し、内装工事だけを行い「情緒ある古風」を維持している例です。また、家具を大事に何世代にもわたって使うこともその一つです。

フランスの南西部のサンテ・ミリオン（Saint-Émilion）という村に高級赤ワインの産地が絶景の丘陵に広がっております。

ぶどう畑一帯はもちろんのこと、古い教会、道ばたの雑草、石ころまで自然のままです。唯一ワイン銘柄を示す木製の立て札が、ぶどう畑に無造作に立てられているだけです（写真❶）。

それからフランソワ・ミレーが描いた油絵の「晩鐘」の絵の舞台になった畑でも、隣の農家の壁に説明書きのボードが掛けられているだけで、見過ごしてしまうくらい目立ちません。ここへビジネスを持ち込もうという気はさらさら無いのです。

つまり「歴史的な場所は昔のままで」という感覚ですので、ビジネスという発想が出てこないのです。

このように、**伝統的・古典的**なモノをできるだけそのまま残す風潮は自然な姿ではないでしょうか。

知恵に関して、私が日常生活の中で特に思い入れが深い次の三つを紹介します。

●看護処置。

●伝統的な秘伝の料理。

●仕事の進め方への工夫。

一つ目の看護処置の話です。高齢化社会に入ると看護の仕事は増大し多様化していきます。生命に直結する職業であり、あらゆる場面で迅速かつ正確な処置がもとめられます。

ブラジルに駐在していたとき、交通事故の現場に居合わせたことがあります。その時、群衆の中から女性看護師らしき人が素早く現場へ駆け寄り、手際よく出血の応急処置を施し、救急車を呼び一命を取り止めた出来事です。機知に富んだ看護師の処方でした。看護師が学んだ知識、社会での経験から自ずと出た知恵でした。

これが知識のみで教科書通りの処置をしていたら、被害者は病院までたどり着けず残念な結果に終わったかもしれません。処置もさることながら、群衆の中から現場に駆け寄る**プロ意識、職責**を全うする姿は実に勇敢でした。看護師に限らずこのような姿勢をもつことは大切なことだと痛感しました。

二つ目は知恵のこもった食べ物の例です。

この料理（写真❷）は、ブラジルでフェジョアーダと呼ばれ、ご飯の上に乗せて食べます。日本ではあまり馴染みのない、豚の耳、鼻、足、尻尾などを黒豆と一緒に煮込んだものです。

植民地時代に、奴隷は高価な肉は手に入らず農場主が食べ残したくず肉を食べていました。くず肉の中から、どの部位を料理すれば美味しくなるかを模索していったのです。

最終的に栄養豊富で現地では安価な黒豆と煮込み、さらにこの料理の付け合わせにマンジョカ（キャッサバ）を粉にしたものを振りかけ、野菜のコーベ（ケール）を油炒めしたものも添えます。

食欲をそそる添え物は、栄養バランスが考慮されたレシピへ仕上がっていきました。奴隷の常食だったものが時代と共に見直され、今日では国民食にまでなりました。

ブラジルのレストランでは曜日ごとに異なる定食が提供されます。このフェジョアーダは水曜日と土曜日に振舞われます。曜日が指定されていることで材料の流通・仕事の段取り・外食の日取り等々の多くのメリットがあります。こうして与えられた環境の中で不要と思われたものに、工夫を凝らせば付加価値の高いモノが創られるという好例です。

ＡＩなら、食材を選択し、情報を分析して料理の方法までは導いてくれるでしょうが、さすがに「どのような味になる」というところまでは導いてくれません。まして味には個人差もあります。

つまり、**既存のモノの活用・工夫**から生まれた知恵です。

三つ目は、仕事の進め方を工夫した知恵です。

仕事をしていると様々な問題が発生します。その度に、原因を究明し対策を講じていかなければなりません。紹介するのはその方法の一つです。

仕事の進み具合は一般的にＰＤＣＡ（PLAN（計画）、DO（実行）、CHECK（評価）、ACTION（改善））に沿って管理されます。どんな仕事でも計画を立て実行、評価、アクションする、というのが一つのサイクルになります。

これら四つの行動を経て仕事は完成度を高めていきます。最も大事な項目は**Cのチェック**です。これが本質を突いたものでないと、適切な対策が打ち出せません。その不具合（不良）を改善するのに**5 whys**（五回なぜ、を繰り返す）分析という手法があります。

他にも色々な方法がありますが、この手法は「なぜ、そうなったのか」を五段階まで追求することで原因を見つけやすい特徴があります。

例えば、お手洗いの水が流れっ放しになった！

なぜ流れっ放しに？……原因はフロート（浮き）が水の出口を塞ぎ切っていない！　なぜ塞ぎ切っていないの？……原因はフロートの止めネジが緩んでいる！なぜネジが緩んだの？……原因は……！と五回、なぜを繰り返していき真の原因を突きとめ対策を講じれば**完全な修復**ができます。

それには「真の原因」を探し出すことが決め手になります。原因を決して人的な責任（責任転嫁）にしないことです。人の責任にするとそれ以降、原因・対策が進まなくなってしまいます。

もう一つの例です。

「見える化」とか「可視化」と呼ばれている手法です。読んで字の如く「目に見えるよう」に管理することです。

いろんな場面で使われますが、ここでは工場などの生産ラインに於いて進捗状況を数値的に表示する方法です。現時点での生産数と目標、不良数、当日の出荷数量を一目瞭然とするものです。

天井からランプを内蔵したボードを全員が見える上方に吊るします。情報が都度、アップデートされボードに表示されます。

ランプは緑、黄、赤の三色で構成されています。操作するボタンは作業者の傍に設置されており、それぞれの色の点灯に応じて正常、異常発生、ラインストップに色別されます。黄、赤が点灯すると工程のラインリーダーがすぐ来て対応します。関係者が不具合内容を共有できる、情報掲示板ということになります。

このシステムの特徴は情報伝達や会議の時間が省け、かつ**情報をタイムリーに共**

有できる点です。コミュニケーションが可視化され、アクションを素早く取れる知恵です。

最近では知恵を重ねており、ＡＩとＩｏＴを駆使して画像・音声分析を行いリアルタイムで情報を得、データ分析し現場へフィードバックします。つまり個々の工程で完結していたものからラインを包含するシステムに変化しつつあるのです。

但し、これらはあくまでも生産活動を支えるシステムに過ぎません。理想的にはシステムが無くても良品が作れれば良いのです。

一方、職人、師匠、その道を極めた人達は工夫された知恵を盗んで、何の情報伝達もなく仕事を極めていきます。情報が可視化されないので、個々人の意欲の持ち方で、目標の達成が左右されることになります。

前者はグループの中で生産性を上げる知恵であり、後者はマンツーマンで師匠の知恵を観察し、試行錯誤しながら自分のモノにしていく方法です。

日本人は品質に対するこだわりがあり、「ＱＣ（Quality Control）七つ道具」と呼ばれるものを使い理論と実践を通して改善してきました。

問題解決する姿勢としては三**現**主義（現場、現物、現実）というものに沿って、机上ではなく**現場**へ出かけて実際に**現物**を見て**現実**を把握しながら一つずつ解決してきました。こういった緻密な努力が日本のモノづくりを牽引し、経済成長を支えたのです。

それが世界最高峰の品質を極めた要因です。そしてカイゼン（改善）と言う言葉はグローバル語にもなりました。私は現在メキシコのイラプアトというところに駐在しています。例えば、車両の横に「改善」と書かれた車をよく見かけるほどです。


偶然にもグローバル時代の幕開けとシニア時代の到来が重なりました。ここで知恵を絞らなければならないことの一つに定年と職場の機会均等があります。

その一つとして、定年前でも労働意欲のある人への配慮の話です。とりわけ年齢を重要視するのでなく健康年齢と専門職に注目することです。そして賃金も定年前を維持しつつ引き続き生産性を上げることです。百歳時代を唱えるなら、このことも同時に配慮していくべきです。

二つ目として、企業や団体のなかでは全ての事業部門が順風満帆と言うわけではなく、日向と日陰の事業部門があるものです。

人によっては、必ずしも自分の意思ではなく、辞令によって配属された部門で否応なく働くという場合もあるでしょう。日向の部署に配属された場合と、そうでない場合とでは、両者の生涯所得にまで大きな差が出ることがあります。

日陰部門在籍のままで定年になった後、労働意欲はあっても再就職が困難な人も出てきます、これは不公平と言わざるを得ません。

一人でも多くの人が士気を高められるような**人事制度**に着目しローテーション、研修、能力開発を行い機会を均等に与えることです。

今まで人事評価や職場異動といろんな取り組みを試み、セミナー等でも次々と新手法を提案されてきましたが、人が人を評価する以上百%的確というわけにはいきません。評価が良くない根底に「不可抗力の背景はなかったのか」も考察しなければなりません。

全員が均等にいくつかの部門を経験することは、物理的に不可能かもしれませんが、人事面接を通して、出来るだけ多くの人に多くの機会を与えたいものです。

最近は働き盛りの四十～六十歳代（三世）に引きこもりが増加し、社会問題になりつつあります（二章初頭参照）。

転職や職場問題、先行きに不安を抱える人、肉親の介護、自らの病が原因でそうならざるを得ない人もいます。これこそ本人はもちろんのこと国力としても深刻な問題です。

とにかく社会へ出て行くような、行かれるような職場環境作りが喫緊の課題です。

本章末として、「**女性の活用**」を採り上げます。これは働き方において知恵を出すべく大きな課題です。

本来、仕事は性別を云々として討論すべきものではありません。性の区別なく「能力ある人」が管理職や専門職に就くことは極めて自然な姿です。

しかし日本に於ける女性活躍の現状を見ると元々、女性議員、女性就業、管理職等々において諸外国に比較して極端に割合が低いことがよく疑問視されます。

日本の女性管理者にあっては十％程度と米国より三十％以上も低いようです。

日本は二〇二〇年までに、女性が管理職に就く割合を三十％と設定し、それを目指しているようですが、決して割合有りきで達成できるものではありません。客観的に能力の見極めを行うことです。

教育は男女を問わず普遍的に、実行されてきたにもかかわらず大学入試で女性を差別する様な非情なことが未だに行われています。しかも教育機関でこの始末です。

世間では女性管理者が育たない原因は出産、育児、家事、等々があると言われがちですが実際はそうではないのです。これらの理由で管理職になる妨げになることがあってはならないのです。

三章でも述べましたが、日本人は仕事の切りの良さで仕事を終え、時間をあまり気にせず働くという慣習があり、それ自体が大きな原因ではないかと思います。このことは能力の優劣ではなく、働く上での構造的なものが根強く残っているからです。このような慣習を抜本的に変える必要があります。

時間を気にせず働くことは、男性でも女性でも受け入れられるものではありません。つまり性別に関係なく同レベルの業務を任せ、評価することです。

一方で不要に、思わぬ差別や言動はないか、を今一度考えてみることです。パワハラで悩む人も多いです。基準を決めるのが難しいとは言え、早急に検討し法律を定めることです。精神的に傷ついたり、自殺に追い込まれたりするような事態だけは絶対に避けなければなりません。

いつでも好きな時に周りに気を遣わず休みを取れる、男女間で**違和感を覚えない職場**を提供することです。休暇の期間は上司、同僚が組織的にフォローするシステムを確立することです。

違和感があれば声を大にすることです。同じ地位であれば、待遇は男女間で差が有ってはなりません（同一労働同一賃金）。掛け声だけの女性活躍や比率有りきでは未来永劫、女性の活躍は達し得ません。

戦後七十年の間の教訓や法の制定を通して、名実ともに女性が活躍できる土壌作りの知恵を出していくことです。

現役であればほとんどの時間を職場で過ごします。だからこそ職場環境を整えることが大事なのです。

知恵は時代を超えても役立つ万代の宝です。人は全知全能ではないからこそ、一つでも多くの知恵を編み出し共有していく必要があります。

五章　共存の形成

地球上で諸国の人が国境なしに協業し、共存する時代へ移行しますが、日本での大きな課題の一つに労働力があります。

二十年後は労働人口（十五歳から六十四歳）は六千万人となり、現在のそれより二十％も減少すると推定されています。

労働人口減少の対策には、文明の利器に委ねるか、生産性を上げるか、労働人口を増やすかです。

文明の利器は、計算された通りに物事がキチンと図られることによってのみ、一部、人に代わることができます。もちろん生産性向上は、ある程度までは補えますが、効果が出るまで時間もかかります。

労働人口を増やすためには、定年制の延長、共働き家庭が安心して子育てが出来る環境整備、それに並行して外国人労働力があります。ここでは特に外国人労働力について述べていきます。

これに関しては国力の増大（税収増）の他に、多少の人件費削減、新たな文化の流入、若者同士の切磋琢磨、地域活性化などのポジティブな面も多くあります。また文学、芸術の分野への気運も高まり異文化に付随した新たな事業も期待できます。

何よりも、日本国民の**意識が変わる**ことが大きな変化です。その反面、多くの準備もしなければなりません。例えば受入体制、入国規制、治安対策、不法滞在、税制、年金、健康保険、密貿易の規制等、様々な法律の見直しも急務です。

外国人受け入れに関しては意見が分かれるところではありますが、国内財政危機、グローバル時代にあっては火急の対策が必要です。

外国人観光客のインバウンドは旅行収支の改善にはなりますが、長期的な経済効果を期待するには外国人の日本での就労が効果的です。

受け入れの緩和は時代の趨勢だと以前から思っていますが、日本はまだ閉鎖的（鎖国）だと言わざるを得ません。

外国人に対する就労年数の制限の撤廃、家族帯同でも職種を問わず滞在できるようにしていくことです。

過去、日本では固定相場制から変動相場制に変わり円高が進み、企業はその一策として海外進出を余儀なくされました。

現在では、ほぼ世界全域に現地の協力を得て、現地法人を設立してきました。今

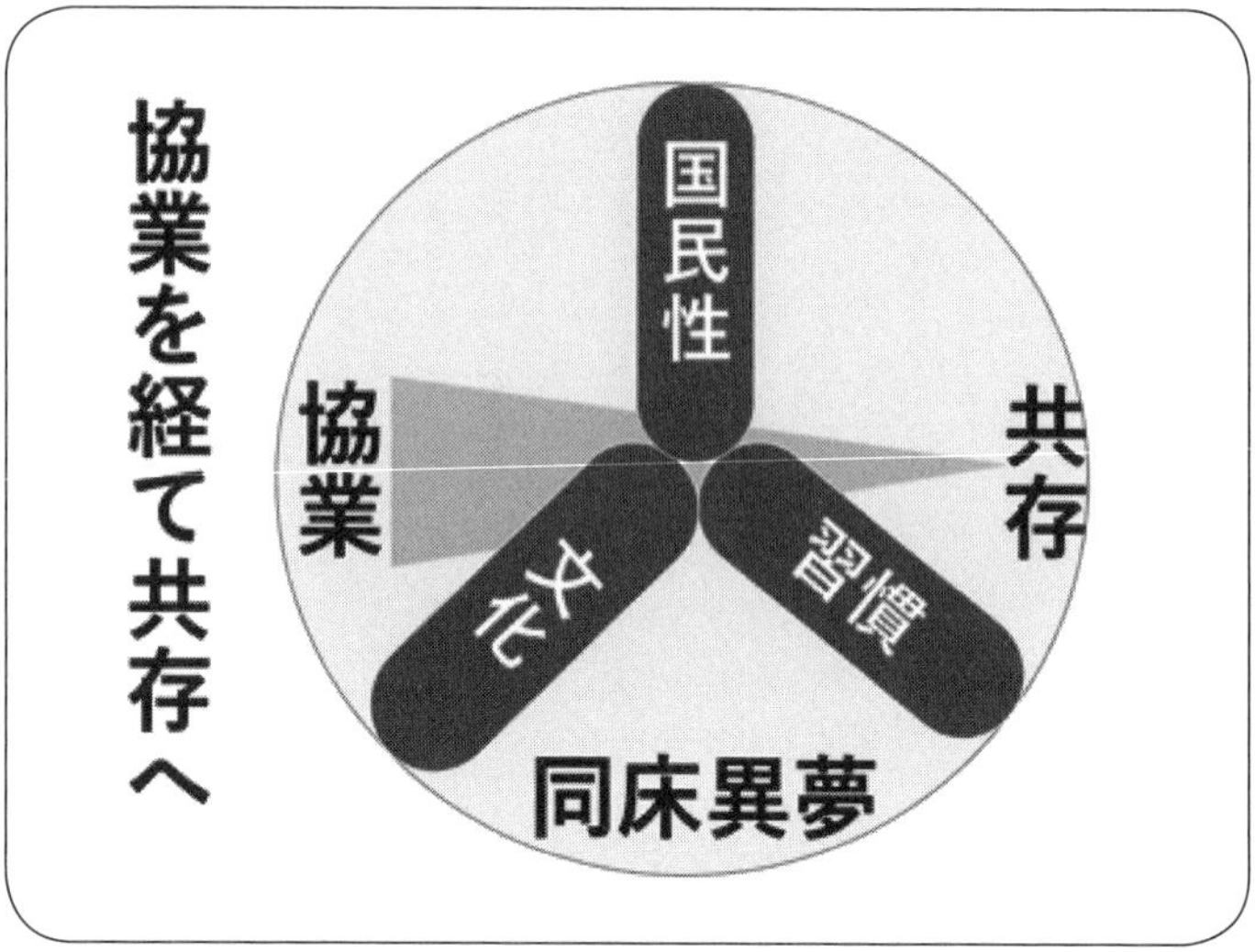

度は日本が**門戸を開放**し外国人を受け入れる時代です。

技能実習生として祖国で借金までして、訪日しても希望した仕事に就けなかったり、あるいは低賃金が理由で転職もできない矛盾も起き、困っている人も少なくありません。

本人だけでなく、日本そのものの姿勢も問われます。外国人が安心して仕事ができる社会に一刻も早く整備することです。そうすることで社会の秩序も保たれます。出入国管理法では「特定技能一号」は受入期間が最長五年という制限があり、仕事を覚えた頃には帰国するという、何とも効率の悪いものです。仕事を指導する人は、新しく来た人へ再び初めから教育することになるからです。
それでも一歩前進したことは喜ぶべきことです。

共存は複数の民族によって構成されることになり、当然のことながら**国民性、文化、習慣**の違いによる戸惑いは出てきます。

受け入れと言っても体制（語学含め）においては過去、本格的に外国人と協業した経験は少ないので準備に時間を要し、想定外のことも起きますので包括して対処することです。

グローバル時代の本格的な到来にあっては、もはや時間的余裕はないのでシミュレーションしながら進めることになります。

「団塊の世代」が、七十五歳以上に突入し、超高齢化社会となる「二〇二五年問題」では医療、介護、福祉サービスの整備が急務で社会保障財政が危うい時代です。
以前から分かっていたことですが、後手に回ってきたため実務面では厳しい局面にきております。

実行力、効果のある労働人口増の施策を打つことです。特に介護分野では二〇二五年には三十万人が不足するとの見方ですが、今回の法案では介護分野の受け入れは六万人に限定されています。日本の国力を維持していくには総数で百万人も不足すると言われているため、都度受け入れの上限が審議されることになると思います。同時に働き方改革や情報技術の進歩を、最大限に活用しようという動きも出てきました。

その一つに再三にわたって述べていますＡＩがその主役となりそうです。大量のデータを処理後、パターン化し学習能力と同じ機能を持たせようとしますので、かなりの部分を人と置き換えることは事実です。

医療分野で言うと、過去のデータを分析すれば病名が判断され、投薬、食事メニューも出てきます。しかし、いかにして完治するかはＡＩではなく、個々人の意思・看護される方々に委ねられます。前述した「心」の部分まで置き換えることはできないからです。

なぜならデータのアップデート、要求するパターンの変更などは「人の意思」が関与することになるからです。

とは言っても、ＡＩはとても有益で、広い範囲で応用され、特に今まで以上に犯罪、事故、ミスを事前防止できる利器になることは間違いありません。

次に、共存社会へのプロセスを考えてみます。

日本は戦国時代の主導権争いや、大政奉還に見られる幕末から明治維新にかけての内戦、その後もいくつかの外戦はありました。

しかし我が国はどちらかというと単一民族であるがゆえに民族紛争の経験はありませんので、一度団結すると協調していける土壌はあると思います。

そういう国民性と独特の協調性を以ってすれば、融合はできないまでも共存は可能だと思います。

欧米、南米には「日本を知りたい、行って勉強や仕事をしたい」と言う人が多くいました。少しでも日本の社会性を勉強したり、関わった人なら日本には無駄という言葉は存在せず、社会の全てが効率良く回っていると考えている人は少なくありません。

それは日本という社会が概して「安寧秩序の保たれた国だ」という情報あるいは、実際働いた人から得た情報を基にしているようです。

前述したような社会の歪みはあるものの、低い犯罪率、高い検挙率の面からみた場合、概して好感の持てる国であることは事実です。一例として、「紛失した財布が手元に戻って来る」というエピソードがよく引き合いに出されました。

外国人労働者が来日した当初は楽しく、次第に慣れていき、その後馴染む人、失望する人に分かれると考えられます。親日的になれるか否かは個々人の目標と努力に期するところが大きいです。

来日した当初の目標を、与えられた環境で達成していく柔軟な考えがあれば、親日的か否かは別にして、十分に協業・共存していける国だと思います。

例えば、外国人の呼び方一つにしても移民者、出稼ぎ者、短期滞在者のような呼び方で一線を引くのではなく「住民」と呼び、共生しやすいバックアップ体制を作ることです。

就労地域も人口や職種の面から都市一極集中を避け地方へ分散し、日本列島がバ

ランスのとれた発展につながるよう配慮することです。

そのためには企業の地方移転、そして何よりも地方発の地域興しを積極的に進めることです。それこそがグローバル化と地方活性化との二人三脚です。

本章文頭に述べたように共存すると最初に表面化するのは国民性・文化・習慣の違いです。必要があれば新たな法令の制定もやむを得ません。

これらに関して国内・外でのいくつかの例を挙げ、いかにこの三つに違いがあり、どう克服していくかを述べてみます。

国際的に見た場合、これから示す例はほんの一例であり、他にも無数にあります。同じ人間でありながら、こうも違う感覚を持った人達の集まりであるかが分かっていただけると思います。また自分の仕事や環境との接点をも考え合わせながら参考にしていただければ得るものがあると思います。

——国民性に於いて

我が国の**社交辞令とか集団思考**ほど外国人にとって分かりにくいものはありませ

ん。

時にそれらはトラブルの火種にもなります。日本人にしか理解できないものが多く**グレーな慣習**だからです。

どの国でも言えることですが社会風土が国民性を作っているわけです。従ってグローバル時代では、国民性をお互いが十分に理解し合うことが必要になります。

日本の風土が培った古来の良風美俗な、清潔感、道徳心、誠実な気風（時間厳守）等々は絶えることなく存在し続けて欲しいものです。


日常よく聞かれる例を挙げてみます。

「そのうち家に遊びに来て下さい」

「御宅のお子さん優秀だからきっと合格しますよ」

「つまらないものですがお受けとり下さい」等々。

いずれも親切心や相手の気持ちを損なわないように、その場で交わされる挨拶です。挙げれば切りがありません。

外国人はこの社交辞令へのお返しとして、

「いつ遊びに行けばいいの？」

「何の根拠もないのになぜ合格すると言えるの？」

「何でつまらないものを人に持ってきたの？」

といった返事になります。これらをストレートに受け止める外国人へ、言葉に込められた微妙なニュアンスを理解しろと言っても無理な話です。

争いを嫌う、尊厳の姿勢、謙遜心、儒教思想からくるもの、と日本人の温厚篤実な面を否定するつもりはありませんが、あまりにも曖昧な挨拶で共存に於いては機能しません。

小さな摩擦が生じることは間違いありません。初期段階ではその習慣の意味を都度、説明していくしかありません。

逆に外国にも日本人には理解できない国民性もたくさん存在します。

集団思考について述べてみます。

この長所は、団体スポーツの強さ、運動会での団結心、自治会の協力、ボランティア……等々において発揮されます。

意思伝達の一つで、外国には存在しない「阿吽の呼吸で仕事が進む」ということも日本ならではの意思伝達の手段です。

短所と言えば、集団の中で意見を求められても「誰かが述べるだろう」「別に私が言わなくても大勢に影響はないだろう」と無口になってしまう点です。

たとえ発言しないまでも、少なくとも心の中で自問自答し、**「自分の意見はこうだ」**と唱えることです。唱えるためには自分でも勉強しなければなりません。そうして勉強したことは素養となり、都度繰り返していくことで知識も蓄積されます。

特に集団の中で最も危惧されることは、意気投合してしまい、異なった意見が交わされないままそれを是として進めるリスクが潜んでいることです。

個々人の持つアイデアは自分には思いつかないような奇抜なものがたくさんあります。皆さんの意見は貴重なのです。海外では会議に参加し、意見を述べないとなぜ会議に参加しているのだろうととても不思議がられます。

イギリスの思想家トーマス・カーライルの言葉に、「雄弁は銀、沈黙は金」と言う言葉がありますが、この場に限っては金と銀が逆になります。

日本では、時折、契約書の締結がされないまま、お互いに何となく仕事が進んでしまうことがあります。それは往々にして相性のよい人同士の場合です。共存ではこのようなことは絶対に避けなければなりません。

確かに人間関係は大切で、組織を無視して能力のある人へ集中されることがしばしばあります。

しかし相性を優先した場合、契約後に相性の悪い人が担当になると、うまくいかなくなるということもあり得ます。仕事は本来、相手が誰であっても進めるべきものです。

従って文書化して、誰もがそれを基に進められるようにしておくべきです。

まして外国人との協業・共存では仕事の「**見える化**」が大きな拠り所になります。その為にもＩＳＯ（国際標準化機構）認証取得などを通して共有することは有効な手段です。

次に仕事を進める上で真のサービスという点に注目してみます。

最近、言葉だけが丁寧になり真のサービスに欠けているような点をよく見聞きします。

サービス精神が過度に旺盛になったせいでしょうか。相手に不快感を与えない気遣いからでしょうか。

いくつか例を挙げて述べてみます。

「いらっしゃいませ」、「お気をつけてお帰り下さい」と深々と頭を下げて歓迎、歓送する気配りには好感を持てますが、何かを尋ねると「私には分かりかねます」との返事で終わってしまうことがしばしばです。

質問に答えられる人の教育や、配置をすることが真のサービスにつながるものです。応えられない場合の処置の仕方も教育の一部です。

ある時、お手洗いに置いてある、トイレットペーパーの横に、次のような文言の貼り紙がありました。

「トイレットペーパーのお持ち帰りは他のお客様のご迷惑になりますので、ご遠慮下さい」

何とソフトな告示だろうと思いました。

もっと**端的に明確**に趣旨を述べた方が通じやすく、本質がボケず、素早く理解できるというものです。それ以前に、貼り紙をしなければならないということは、残念です。

公衆トイレがこんなに綺麗に使われている国は日本だけです、マナーのある人が多くいるのです、トイレットペーパーを持ち帰らないぐらいの判断はできるはずです。

些細なことの積み重ねが自然に、多くの人のマナーを向上させます。

レストランやコーヒーショップで料理などを注文した後、テーブルへ運んできてくれます。その際、

「ご注文はこれで全てでしょうか？」

「何か他にご注文ありませんか？」

「何かありましたらお呼びください」

と立て続けに丁寧に聞いてきます。注文した品物を届けてくれたのですから、「お待ちどうさまでした」で済むのではないでしょうか。そう考えてしまうのは私だけでしょうか。

また天気予報の番組でも親切に、「お出かけの際、羽織るものがあった方が良い、折りたたみ式の傘を準備……」等々助言してくれます。

それ自体は親切なことですが、言われるままに行動し何も考えられなくなってしまうことの方を案じます。

丁寧語・謙譲語・尊敬語の誤用、乱用も目立ちます。上手に使えば日本語のもつ奥ゆかしさを共有できるというものです。

しかし、共存社会ではこう言った対応を避け、要点を**単刀直入**に伝えるコミュニケーションが求められます。

せっかくのサービス精神が、どこか言葉の遊びになっているような気がします。あまりに丁寧すぎると、かえって誠意が感じられなくなるものです。慇懃無礼にならないような「**実を伴うサービス**」であることを願って止みません。

外国では総じてテレビでニュース番組のアナウンサーがポケットに手を入れたまま、気ままなスタイルで放送します。また招待されたゲストも足を組んで座っていることもあります。

日本のほぼ直立不動の姿勢とは大違いです。その国の人は、それに関して異議も唱えませんし、唱えるべきとの認識もありません。それは**国民性の違い**だからです。あくまでも「自然体」を貫いており、特に姿勢の云々は教育するものではない、というのが根底にあります。

こんなにも国民性の異なる人達が共存することを理解しておかなければなりません。

——文化に於いて、

諸国での文化の特徴をいくつか挙げてみます。

挨拶一つをとっても次のように大きな違いがあります。日本では一礼するだけの挨拶がアメリカでは握手します。

これが南米に行くと同僚間では毎朝、握手した後に、長いハグ、異性間だと頬にキスしながら背中を数回撫でるといった調子。

昨日ケンカしても、翌朝は平然と同じ挨拶を繰り返し、過去を引きずることはありません。一日が始まる儀式を大切にする国民です。

時間の観念でも、パーティーともなれば食事は比較的遅い時間から始まることが多く、それまでは飲みながら会話を楽しみます。よくもそんなに話題があるものだと思うほど喋ります。まるで一日が二十四時間以上あるような感じです。明日のことより今を大切に過ごしているのです。会話が一つの楽しみになっているようです。小さな出来事でも針小棒大に話したり、悩み事を思いっきり喋ったりします。そうすることで解決策まで見出そうとしているようにも思えます。

一つ言えることは、小さな幸せを大事にしており、**ポジティブ**に生きようと心がけている点です。確かにこれが本来の姿かもしれません。

ギブ・アンド・テイクの観点から、テキサスで野球観戦に行ったとき（写真❸）、球場が何となくオープンでスッキリ感があるのです。それはフェンスが張られていないからでした。

その理由は選手を身近に見れる、選手と話せる、表情が分かる、ファウルボールが貰える、といった臨場感がたまらないのだそうです。

その代わりファウルボールが体に当たっても、自分で責任を取れということです。

日本の球場でもフェンス無しの案が出されますが、有事での責任所在が明確でないためになかなか踏み切れません。

臨場感を優先するアメリカ人と、安全第一主義の日本人との差が顕著です。


アジアには多くの宗教が混在しており、宗教に依っては戒律としてハラルフード（イスラム教の戒律によって食べて良いもの）が定められています。逆にハラーム（禁じられているもの）もあります。

イスラム教では豚肉は食べることを禁じられており（それに派生した全ての食べものも禁止）、禁酒でもあります。同様にヒンズー教では、牛は神聖な動物で食べることは禁じられ、牛革製品のプレゼントも要注意です。

インドではベジタリアンが約五割で、ほとんどが菜食主義者。肉とは縁がありません。

シンガポールは多民族国家であり、近隣諸国から多くの人が働きに来ております。社内食堂には宗教に配慮した別々の食事も用意されていました（写真❹）。また一緒に外出する場合は相手方の食事にも気を配ります。こうして多民族構成の国では**異文化に配慮**しながら共存しています。

日本にも精進料理（本来は、仏教の考え方に基づき、殺生を戒め魚介類や肉類を用いず、穀物・野菜などを主とする料理）と言うものがあり、葬儀、法事などに出されますが、アルコールなど何も気にせずに飲み食いしています。意味合いがだいぶ異なります。

メキシコの或る日の深夜だったと記憶しますが、隣の家の前で五～六人構成のマリアッチ楽団（メキシコ音楽演奏団）（写真❺）が急に演奏し始めたのです。

トランペット、バイオリン、その他の楽器が高い音色を伴い、高歌放吟するのです。

近所の人も目が覚めたでしょうが、誰一人クレームをつける人はいません。子供の誕生日のお祝いにマリアッチに来てもらい演奏してもらっていたのです。翌朝近所の人達は「お誕生日おめでとう」とお祝いに駆けつけていました。

私の家族は夜明けまで眠れず、子供は学校に遅刻する始末。目出度いイベントだから「睡眠よりもマリアッチ演奏でも一緒に聞いてあげるか」と寛容になることのようです。

世界の各地では文化、部族、宗教などの大規模な紛争が絶えません。このレベルの共存になると、根底から議論し納得し合えるかと言えば、そう容易ではありません。いわゆる、国の土壌に極端に大きな思想・哲学の異質文化が積み重ねられるからです。

でもグローバル時代だからこそ諸国の交流を活かし、当事国以外の協力も得て、千里同風の平和を目指さなければなりません。またその可能性は十分にあると思います。

共存という観点では移民構成の国々アメリカ、ブラジル、オーストラリアでは多くの問題を抱えながらも共存社会を巧く築いています。

ブラジル駐在のとき、移民一世の十七回忌の法要に参列したことがあります。ほとんどが日本語が理解できない日系二世・三世の集まりです。

和尚さんは一世で、日本語でお経を読み上げた後に、二世と三世も説教を聞くわけですが、静かに聞いているだけで何も理解できません。このように一世の慣わしを優先する、局所的な文化もあります。

以前の日本にもあったような家族連帯意識の文化がそのまま残っているのです。先陣を切って移住した家族の繋がりを大事にしています。いわゆる、その国の文化とは別なコミュニティに浸透する**特殊な文化**です。

しかし、この種の文化は一世の人口減少と共に消失していくものと考えられます。当然ながらこういう文化は欧州から移住したポルトガル系、イタリア系、スペイン系の社会にも見られます。

従って共存社会では大・小の文化がコミュニティごとに混在することになります。同じ国ですら地方ごとに特殊な文化が存在するくらいです、共存社会での初期段階においては、それらをよく理解するよう努力して調和を保っていくしかありません。

——習慣に於いて、

アメリカの田舎道をドライブしているとき信号の無い交差点に差し掛かりました。車が一台ずつ交互に順序正しく交差点を通過していきました。その秩序立った行動に感心しました。当然と言えばそれまでですが、決して我先にというようなことはありません。暗黙のうちに**相手を慮る**行動が習慣になっていたのです。

アメリカ人は概して相手を敬う習慣があり寛大でもあります。あらゆる場面でそんな行動を目にします。日本人も内心ではそう思っていても、なかなか行動に出すのが苦手のようです。

このような習慣や行動が、アメリカが共存大国へ成長する最低のマナーだったのかもしれません。

テキサスに着任した頃、住む家を物色していて感じたことですが、アメリカの一戸建て（写真❻）を見て、なんと広々として芝生の手入れも行き届いた家々なんだろうと感心したものです。

「隣の芝生は青い」が「自分の芝生も青い」、そんな印象でした。

可住地面積の人口密度（アメリカ五十人／㎢、日本一千人）を見ても、同じ面積に日本はアメリカより二十倍もの人がひしめいていることが分かります。空間がある上に、全域ではありませんが無電柱化も進んでおり美観が一層引き立ちます。

家の境界線、表札も無くオープンスペースに親しむ習慣があるのです。社会風土に根ざした習慣と言えます。


ここまで空間があり、見晴らしが良いと逆に泥棒も侵入できません。もし不法侵入すると警告有無にもよりますが銃で撃つ、と答える人がほとんどだそうです。

こうして正当防衛も行使されています。くれぐれも不用意に道を尋ねるために玄関先まで行かないことです。

逆に南米ブラジルでは、道路からマンションの入り口に着くまで鉄格子が二つ（二カ所）もある上に、塀には鉄条網が張られたり、ガラスの破片が埋め込まれており、物々しいです。そんな南米ですが、人柄は陽気で楽観的、心配ごとがあってもほとんど引きずりません。

初対面でも気さくに話しかけ、食べかけのアイスクリームでも「どう、食べる？」と、お裾分けする共有気質があります。

年収のほとんどをカーニバルの衣装代へつぎ込む徹底ぶり、サッカーの試合観戦なら地球の裏側の日本にまでカネをはたいて応援に駆けつける熱狂的な一面もあります。

グローバル時代になると国の往来は盛んになっても世界の祭典（五輪、W杯サッカーなど）に関しては祖国の思い（ナショナリズム）がさらに強固になりそうな気がします。


メキシコはスポーツ好きな国民で、サッカー、ボクシング、プロレスなどが盛んです。スペインの植民地であったことから闘牛場もあり、月二回ほどは開催されていました。

普段は大人しく闘争心などおくびにも出しませんが、心の奥底には血気盛んな気質があります。

メキシコ人と協業していると、スペイン語でアスタマニャーナ（また明日逢いましょう）に象徴されるように「別に今日中に終らなくても明日があるさ」とノンビリムードが漂っています。

この国での「約束」というのは目安であって、日本のそれとは大きく趣旨が異なりますので慣れるしかありません。仕事の進め方にもひと工夫が必要です。現地の人が自発的に仕事をするように仕掛けをすることです。

長い間スペイン植民地時代で抑圧されながらも内心は古代アステカ、マヤ文明の誇りを持っています。根底にある誇りと内戦、革命などの歴史から今の習慣が形成されていったのです。日本との交流は古く、友好関係にあり親日家が多い国の一つでもあります。

江戸時代初期、房総半島を航海中に暴風雨で漂着した人達へ船を用意したことや、明治半ばには極めて対等な通商条約（日墨修好通商条約）の締結、それに日本からの移民の受け入れ等々を通じて友好関係を深めていったのです。

移民で構成された国々にはそれぞれの国を風刺した小話があります。国民性や特徴をうまく捉え、語り継がれています。異国の人と共存しながら、多民族の国民性をユーモラスに表現したユニークな文化と言えます。

一方、中欧に目を転じてみます。私がポーランドに駐在していたとき、強く感じたことに個々人はとても優秀だということです。

放射能研究のキュリー夫人、地動説（太陽中心説）を唱えたコペルニクスを輩出した国です。特徴として、個々人は優秀でも二人、三人と集団を成すに従って議論百出するも、方向性が定まらない傾向にあります。

会社でも優れたリーダーがいてこそ実力が発揮されます。それを意識して手を差し伸べることです。コミュニケーションの一つの方法として「全員を一堂に会し情報を共有する」ことは効果的かと思います。

一九八九年の東欧革命により民主化後、わずか十五年程度の当時は怒涛のごとく西欧諸国との交流を深め、文化を取り入れている頃でした。

語学や会社の各専門分野を自主的に勉強し、研鑽を積んでいく人が多いです。特に年齢や自分の生活環境を気にせず、大学で学びなおすリカレントも大勢います。

ここまでほんの一部の習慣を述べてきました。総じて生活様式の違いはあるものの理解しさえすれば、共存の形成に大きな混乱を招くことは無いと考えられるのが私の持論です。

国によっては治安が悪いと言いながらも、個々人は実に好感の持てる人達です。治安の悪さは貧富の差がもたらすという一面もあります。「まえがき」にも記しましたが、暮らしの平準化の時代到来でこれらも含めて是正されていくものと考えます。さらに、優秀な人材を発掘しきれていない面もあり、**教育や道徳**を身近に話し合える**国際機関**（小規模の国連）を創設する必要性を感じます。

――法令の整備に於いて、

人権や環境保護のためにアメリカでは司法制度が徹底されており、訴訟社会の国でもあります。日本人の常識では考えられないほど訴訟が多くあります。

一例ですが、車輪のホイールキャップを盗もうとしていることを知らずに、ドライバーが発車し、怪我を負わせた泥棒に対して、治療費を数万ドルも払わされたこともあったようです。

道路が凸凹で自転車やバイクで転んで怪我をすると自治体を相手取って、治療費を請求する始末です。

「悪いのは自分ではなくインフラの未整備が原因でこうなってしまった」という**発想が異なる**ことを理解しておかなければなりません。アメリカでは、先ずは弁護士へ相談ということのようです（日本の弁護士とは報酬体系が異なることも一因かもしれません）。日本では自分が悪いと認識した場合、訴訟に発展することはありません。

一方、東南アジアで、都市国家として成功を収めている小国シンガポール（淡路島の面積に相当）はとても環境のクリーンな国です。

重要な国際会議がシンガポールで開催されることは周知の通りです。二〇一八年六月には米朝首脳会談が開催されましたように、治安が良く、巧く統治された国として知られています。

環境維持、社会の秩序を維持する為に、シンガポールでも罰金制度が設けられています。

例を挙げますと、鳥への餌やり、チューイングガムの持ち込み、ゴミポイ捨て、ツバを吐く、電車内での飲食……等々、こと細かに罰金制度を設けて街の美化・環境の維持に努めています。

多くの民族が共存しております。人口五百六十万余人と少ないこともありますが、一人当たりのGDPは世界でもベストテン（アジアではトップ）に入るほどです。結局は多文化・多民族でありながら共存できるような善後策を講じ、生産性を上げていることになります。この小国で数種の言語が使われバイリンガルの人が大勢います。ここ十年、平均五％ほどの経済成長率を維持できている所以でもあります。

それには行政も地理的な優位性をフルに生かし都市国家として巧く機能させています（写真❼）。

マラッカ海峡の有効活用においても世界有数の港湾都市、船荷取扱い量を誇っていることはその代表的な好例です。長年、首相を務めたリー・クアンユー氏の強烈なリーダーシップに他なりません。ポリシーを持ち国家運営を行なっている国です。

共存のために先ずは、最大公約数的な**法の整備**（司法力）を第一義的と判断したわけです。

これからの時代は、このように様々なバックグラウンドを持つ国民が共存することになります。それぞれの国の背景、思惑、生活様式の違いがあります。でも同床異夢の思いを持ちながら融合とまではいきませんが、共存でも十分に国家運営を可能にします。

六章　グローバル人材

では一体これからのグローバル時代に必要な人間像は、いかにあるべきでしょうか。すなわち協業、共存するための人材の資質ということになります。

先ずグローバル人材の話題に入る前に、これから社会に出る世代の人達がグローバル時代を迎え、新たな飛躍の機会に出会えたことにお祝い申し上げます。あなた達は次のような機会に遭遇したのです。


——AI活用が盛んになる好機に出会えました。

——外国人受け入れにより、重い社会保険負担を軽くしていく土壌ができそうです。

——政府も働き方改革として議論する時期になりました。

——徹底した真の男女均等の働き方をする時期に恵まれました。

——生活や人生を犠牲にしない本来の働き方を模索し、雇用慣行を見直すことになったのです。


つまりグローバル時代に相応しい生き方、働き方が出揃ったのです。ただしこのグローバル潮流に乗り遅れると、これらを享受できないこともあります。そして後々の人生に影響が出ることにもなります。

働き方改革は、以前から多くの企業や団体で実施されてはきております。生産性向上の方法、仕事の進め方、問題解決方法……等々は試行錯誤され一応確立されております。このように実務面の改善は十分に検討されてきました。今後はそれを取り巻く労働環境に着目するようになったことが大きな前進です。

それではグローバル人材の話題に触れていきます。

基本的な資質であるところの課題発見、解決方法、仕事の進め方、チャレンジスピリット等々は普通に備わるべきものなので、敢えてここではグローバル人材として採り上げません。ここでは次の三つに集約します。

（一）**専門性**
（二）**国際性**
（三）**大局性**

専門性については三章でも述べましたので、ここでは専門性を高めていくプロセスに限って述べてみます。専門性は生きる上の糧となるもので、専門性なくして、国際性、大局性を語ることはできません。

専門性とは担当する仕事があり、それを続けていくことで経験を積む。そして絶えず、興味を持ち、多面的に学び、守備範囲（担当の領域）を拡大し、その分野で最高知識レベルに近づいていくことです。そのための効率的な入り口は、基本的に**学んだことを生かせる仕事**に就くことが鉄則になります。しかし、個々人の事情で他のジャンルの仕事に就かざるを得ないこともあるでしょう。

その場合は、出会った仕事を前向きに捉え、確実に自分のものにしていくことです。

人生のうち、就職すれば四十年ほどの期間は、仕事に就きます。その中で様々な場面に遭遇し、あらゆる機会に出会い、それらを重ねていくうちに、かなりのことを知り得て知識の量は増えていきます。

また守備範囲が拡大していく度に、専門性の幅も広がることは述べました。しかし多くの知識を得ても、まだまだ未知のことの方が遥かに多いのです。

つまり専門性は生きる糧である以上、グローバル人材云々ではなく、生きている限り勉強し続けることになります。だから「生涯学習」という言葉があるのです。

極端に言うならば、外国語は解らなくても高い専門性があれば、通訳を介し外国でも仕事はしていけます。

次に国際性の在り方について述べてみます。

国際性は机上で学ぶというより、経験から醸し出されるものが多いと思います。

その中で大事なことは、異文化に接する機会が多くなりますので、異文化を理解してあげることでコミュニケーションはスムーズにいきます。それには先ず、自国の文化を知ることです。それから異文化との比較をしてみることでしょう。比較して結論を出すべきものではありませんので、自分の中に収めていれば良いのです。日常的には履歴書の書き方、面接での問答、日常会話に於いて配慮すべきシビアな面がたくさんあります。協業していく中で一つずつ身につけるしかありません。ただ一つ向き合い方として重要なことに、日本特有の年功序列的な文化、例えば先輩・後輩の意識を持たないことです。それらは外国人には殆ど通用しません。

国際性の本質として次のことをテーマアップします。

言語とコミュニケーション能力。

グローバル時代における言語の習得ですが、少なくともバイリンガル（二言語習得）を目標にします。

先ず世界中で三十％も使われている英語の他に、もう一言語を習得するということです。

先ず英語から開始する理由は、英語学習の場（通信、TV、ラジオ、学校）や材料は無限にあることです。日常で使われる外来語は殆どが英語です、ポルトガル語やフランス語の言葉も使われていますが非常に稀です。

それに多少でも英語の知識があることで他の言語学習に入り易いからです。諸国の人と交友していく中でその都度、言葉をいくつも覚えることは極めて難しく時間もかかります。

第二言語として、ラテン系言語をお勧めします。なぜならラテン系言語同士はとても類似した言語であり、派生的に習得しやすいからです。文法的に動詞が人称によって活用変化するという共通性や、類似した単語が多いのです。

例えば、「おはよう」を、ポルトガル語、フランス語、イタリア語、スペイン語で言うと順に……、

「ボンディア」

「ボンジュール」

「ボンジョールノ」

「ブエノスディアス」

と言った具合に響きが似ていることに気づかれると思います。

幾つものラテン系言語を操る人をよく見かけますが、このように類似した言語ですので習得しやすいのです。

アメリカでスペイン語を母国語としている人口は、全人口の約十三％と言われています。これは相当大きな割合です。今後その比率はますます増加（増加の是非はともかく）していくものと思われます。

スペイン語を含むラテン系言語は、世界では使用頻度の高い言語と言えます。

言語習得の深さ（聞く、話す、書く）は計り知れないものがありますが、先ずは単語の数をより多く覚えることが何より大事なことです。


次にコミュニケーションについて述べます。

コミュニケーションはただ単に言葉を通して伝えるのみではありません。

いつも５Ｗ１Ｈ（いつ、どこで、誰が、何を、何故、どのように）を基本とした情報の受け方、伝え方を習慣づけることです。

その場で相手は何を求め、何を必要としているかに注目します。

前述しましたが**自分の意見**（持論）を持ち、融通無碍に対処することです。分からないことは、はっきり分からないと伝え、曖昧にしないこと。相手に不快感を与えまいと余分な気遣いをしないことです。自然体で接する方が信頼性も生まれます。

ある日、アメリカで日本人を含む工場運営会議がありました。アメリカ人が議事録を作成し各々がアクションすることになったのです。

しかし、その議事通りのアクションが一向に進まないので原因をチェックしたところ、日本人同士の英語の理解レベルに差があり、共有されていなかったことが原因でした。日本では大学を卒業すれば十年も英語を学びますので、「英語圏であれば英語が理解できる」という大きな誤解が招いた失敗事例でした。

英語が不得手であれば、通訳を介するとか、英語の堪能な日本人に聞くなり、何らかの方法で議事録を確認しておくことです。

これがグローバル時代になると英語圏以外の言語も行き交うことになりますので、言語に対する気遣いは一段と必要になります。もちろん公用語として英語を使う機会が多いでしょうが、言語というのは人によって理解レベルが違うことも念頭においておかねばなりません。

曖昧なことを放置しておくと、パートナーと一体となって仕事をすることはできないばかりか、目標を共有できないことになります。

会議や提案では、日本流を一方的に強要せず参考程度に示すことで、和洋折衷の妙案が出てきます。

ボスの地位にある人には、リーダーシップは欠かせませんが、常に目標に沿ったリーダーシップであることを忘れてはなりません。

年齢や地位に関係なく、管理能力の高い外国人に幾人も会う機会がありました。つまりグローバル社会では日本人もこの人達と切磋琢磨し知見を広くしていけます。

当然ながら一個人の経験は一人の経験でしかありません。できるだけ多くの人の話に耳を傾けマネージメント能力、判断力を養っていくことです。

グローバル時代では多くの国の人と出会います、職場では仕事の話はトコトンしますが、それ以外の場では仕事の話は殆どしません。

仕事以外で話題になるのは、その時々の社会の出来事や経済、趣味であるスポーツ、音楽、芸能……等々です。誰でも全ての話題に精通しているわけではありませんので、その時は相手の話に耳を傾けてあげることです。

それでも国際時事に関する情報だけは、日頃から得るように心がけておいた方が良いと思います。なぜならグローバル時代ではビジネスは共通の情報だからです。いろんな媒体から得られた情報を鵜呑みにしたり、是とする必要はありません。その時事に対し「自分の考え方・意見」を持ってこそ、対等に話ができるというものです。

人の話を聴く、持論を述べることで**多様なバックグラウンド**が身につきます。国際性を備えるという面から有益なことです。

諸国の人達と協業して気づくのは「よくもそのような捉え方があるものだ」としばしば感じさせられることです。それは主に目標達成の日程でよく見受けられます。日本人の計画通りに進める習慣が、必ずしも目標を早く達成できる方法とは限りません。

破天荒な着想を持った人達の方法が、たとえ道草を食っても、早くしかも低コストで達成できる場面に幾度も遭遇したものです。

時間厳守と余裕を持つこととは、二律背反することになりますが、日程管理は全体に最適を重んじながら行うことです。

ゆとりや柔軟性がないと目先のことで精いっぱいで、話も聴けず、相手の立場にもなれず適切な判断はできません。

「**心のゆとり**」を持つことで「**有事の判断力**」も培われます。この二つはセットで成立するものだと思います。

ブラジルでの或る日、友人家族と近くの湖畔へピクニックへ行った時のこと。久し振りの再会で話に夢中になっていたその矢先のことでした。

隣に居合わせたブラジル人家族の主人が、一目散に湖へ向かってバシャバシャと音を立て、走って行きました。

振り向くと水面に腹ばいに浮いている、私の友人の子供を掬い上げていたのです。

助けてくれた人は、親の不注意を咎めることもなく、洋服はびしょ濡れになったまま抱きかかえた子供を手渡してくれました。幸い子供は事なきを得ました。危険を察知し身体が自然に動く行動にただ感心しました。人の振り見て我が振り直すことでした。

もう一つの例は、フランス駐在中にスイスへ旅行したときのことです。フランスの駅に戻って、道中どこかで財布を紛失したことに気付きました。ところがそれをホテルで拾ってくれたスイス人が、財布に入っていた私の名刺を見て郵送してくれたのです。しかも、スイスの料理を紹介した、ぶ厚い本まで同梱されていました。相手の身になった「**思いやり**」と「**ゆとり**」に大きな感動を受けたことを今でも覚えています。無くした財布が手元に届くのは、日本だけではないようです。

世界中のどこにいようとも危険を察知したり、困った人に出会ったとき**瞬時に心身が反応**するようになりたいものです。

グローバル時代に於いて、優れた管理者になるための条件の一つは異なる**国民性を理解し法を説ける**人になることだと思います。

最後にグローバル人材において備わるべきは大局性です。ものごとの進捗確認において、大局性は最も重要なことです。大局性とは物事の個別の良し悪しとは別に、全体を見渡し状況や流れを悟ることです。いつも行動の原点とリンクしており、方向性を指し示してくれます。

従って専門性及び国際性が、自発的な概念であるのに対して、大局性には外部の要素が加わってきます。自分ではコントロールできない外界の動き（不可抗力）を察知して判断していくことになります。

あなたは、仕事をしていて一日が雑用で終わってしまい「今日は何をしたんだろう」と感じる日はありませんか。

毎日の仕事が大局に沿ったものであるかどうか、取捨選択し優先順位をつけることです。

一人ですべての仕事を引き受ける必要もなく、自分の仕事・目標のために時間を使うことを第一優先とすべきです。上司も指示する時は、その辺を十分理解しておくべきです。

若者もいずれは陣頭指揮をとることになります。中期計画立案のときは、大局的な見方を持ちつつも、胆大心小になることも忘れてはなりません。大局的な見方をしていても、政変や経済の急変はいつ襲ってくるか分かりませんので、日頃より情報を得ておくことです。もし変化した際には、他の方法でリカバーできる次の一手を準備しておくことです。

また仕事を俯瞰することとは別に、個々人の専門性が時代錯誤となっていないかも、検証していかなければなりません。

これらの考え方、行動は効率重視の時代には必須条件になります。

グローバル人材はこの専門性、国際性、大局性の要素を持ち合わせることです。

船はたくさんの荷物を積むと、うまく航海できると言います。

三要素（専門性、国際性、大局性）をたくさん積み、国内・外で八面六臂の活躍が出来る人がグローバル人材だと考えます。

あとがき

最後までお読みいただき有難うございました。

長年にわたり海外で仕事をしてきました。一時帰国する度に街並みも目まぐるしく変わっていく日本は、新しいものを追い続ける国民性という印象でした。ところが流行にも時代の風潮に超然とする姿勢が見られます。古いモノを大切にし、その価値を見出す傾向になってきたことに安堵しています。

これから効率を追求する本格的なグローバル時代を迎えるにあたり、人の生き方はどうあるべきかを述べました。

一方、国際的な日本の役割も果たしていかなければなりません。

ただ何をするにしても、自然破壊、倫理性、営利目的については注意を払うことです。一時的なブームに帰するような開発やビジネスモデル化を優先することだけは、慎重になるべきです。

いずれにしても今後五十年はごく当たり前のことを至極当然に行い、シミュレーションしながら前述した長期計画を成就する時代です。

五十年と言っても光陰矢の如しです。個々人が積極的に協調し効率よく進めていきたいものです。老若男女が「安心・安全に、充実した生活ができる基盤創りの時代」であるべきだと説いたつもりです。

あくまでも次世代の人が世界と調和しながら「適度に心地よい生活を送れる方法」を理解していただけたら幸いです。

二〇一九年四月　メキシコにて　西 隼人

西　隼人（にし・はやと）

1948年鹿児島県生まれ。

関東学院大学工学部卒業後、海外勤務37年、赴任地7カ国、訪問国23カ国に及ぶ。

フォルクスワーゲン・ド・ブラジル社、エルジン社（ブラジル）を経て日系企業。

現地法人社長など歴任し2016年帰国、独特なマネージメントで海外展開を図り海外事業貢献賞、Continuous outstanding performance in the project賞など受賞。

2019年から海外（メキシコ）駐在し、現在に至る。

〈著書〉

「グローバル仕事術－海外37年から見えたもの」（文芸社）

「あきらめない男たち－グローバル化の渦の中で」（文芸社）

グローバル時代に人はどう生きるべきか

2019年10月31日　第1刷発行

著　者　西　隼人
発行人　大杉　剛
発行所　株式会社 風詠社
〒553-0001 大阪市福島区海老江5-2-2
大拓ビル5-7階
Tel 06（6136）8657　http://fueisha.com/
発売元　株式会社 星雲社
〒112-0005 東京都文京区水道1-3-30
Tel 03（3868）3275
印刷・製本　シナノ印刷株式会社

ISBN978-4-434-26767-3 C0036